LA PASSION DE LA
MONTAGNE

GRÜND

TABLE

Texte anglais de Michael Crawford Poole
Adaptation française de Anne Derogis

Première édition 1980 by Octopus Books Limited
59 Grosvenor Street, London W1
© 1980 by Octopus Books Limited
Et pour la traduction française :
© 1980 by Gründ, Paris
ISBN 2-7000-5022-3
Dépôt légal : 4e trimestre 1980

Produced by Mandarin Publishers Ltd.
22 a Westlands Road, Quarry Bay, Hong Kong
Photocomposition : Bussière Arts Graphiques, Paris
Printed in Hong Kong

PRÉFACE

par Chris Bonington

Pages de garde : *vue aérienne de la ville du Cap et de la Montagne de la Table, en Afrique du Sud.*

Page 1 : *l'arête nord (4 609 m) du mont Rose. Ces montagnes séparent la Suisse de l'Italie, et l'Europe Centrale de l'Europe du Sud. C'est une région appréciée des skieurs et des alpinistes.*

Pages 2-3 : *lever de soleil sur l'arête est du mont Cook et beau panorama des Alpes néo-zélandaises. Ce pic de 3 764 m qui surplombe de quelque 2 400 m le glacier, est le principal centre d'alpinisme des antipodes.*

Page 4 : *seigneur des Rocheuses, le mont Robson emplit tout le ciel, vu ici du mont Resplendissant. Le mont Robson se dresse dans un splendide isolement au-dessus de la chaîne, son sommet domine de 3 000 m la rivière Frazer.*

A gauche : *l'extraordinaire face nord-est du Half-Dome, dans le parc national du Yosemite. En 1865, le service topographique de Californie affirma que « le Half-Dome, crête de granit qui atteint 4 737 m au-dessus de la vallée, est parfaitement inaccessible, et c'est probablement le seul sommet du Yosemite qui n'ait jamais été et ne sera jamais foulé par des êtres humains… » De nos jours il existe quatre voies principales, rien que sur cette magnifique face nord-ouest.*

L'amour de la montagne est une passion à laquelle vous ne pourrez plus échapper, lorsqu'elle vous aura saisi. Pour moi, cet amour débuta au cours de ma seizième année; j'étais captivé par un livre illustré de photographies représentant l'Écosse et je m'imaginais en train de grimper sur les arêtes des Cuillins dans l'île de Skye, ou sur les collines en dos de baleine des Mamores et des Trossachs. Le rêve devint réalité au cours de l'été de cette même année, lorsque je séjournai chez mon grand-père qui habitait aux portes de Dublin. Je m'aventurai sur les Wicklow Hills et éprouvai la même sensation d'aventure que je devais ressentir des années plus tard, lors de ma première course dans les Alpes ou même lors d'expéditions dans l'Himalaya.

En plaçant les montagnes au centre de votre vie, vous devenez partie intégrante d'un sport en constante évolution : l'équipement que vous utilisez, les règles de morale que vous observez, les ascensions et même les « premières » que vous accomplissez, s'inscrivent dans un cadre plus grand fixé par ceux qui vous ont précédés.

Mes camarades et moi-même, lorsque nous étions sur la face sud-ouest de l'Everest, à l'automne de l'année 1975, nous avions pleinement conscience des jalons posés par nos prédécesseurs et du rôle qu'ils avaient joué — et que nous étions nous aussi sur le point de jouer — dans l'histoire de cette magnifique montagne.

Ce livre a su retenir dans ses superbes photographies la beauté et la majesté des montagnes du monde, mais en même temps, il trace à grandes lignes l'héroïque épopée des combats que l'homme a livrés pour leur conquête.

Chris Bonington.

GROENLAND

TERRE DE BAFFIN

AMÉRIQUE DU NORD

60 ▲
CHAÎNE D'ALASKA
1 ▲ 2
MONT
SAINT-ÉLIE
ROCHEUSES CANADIENNES

CASCADES
SIERRA NEVADA
6 ▲
7 ▲
8 ▲
9 ▲
ROCHEUSES DU COLORADO

APPALACHES
10 ▲

SIERRA MADRE
11 ▲

17 ▲
19 ▲
18 ▲
20 ▲
EUROPE
25
22 21 26
24 23 ALPES
27
PYRÉNÉES

28 ▲
ATLAS

SAHAR

A F

AMÉRIQUE DU SUD

62 ▲
MASSIF DES GUYANES

12 ▲
13 ▲

14 ▲
15 ▲
LAC
TITICACA
PLATEAU DE BOLIVIE
A N D E S

16 ▲

63 ▲
64 ▲

35 ▲

Légendes des numéros de la carte

1	Mont Saint-Élie	34	Kilimandjaro
2	Mont Logan	35	Mont Darwin
3	Mont Robson	36	Thabana Ntlenyana
4	Mont Assiniboine	37	Montagne de la Table
5	Mont Rainier	38	Pic Communisme
6	Grand Teton	39	Pic Lénine
7	Longs Peak	40	Pic Pobiedy
8	Pikes Peak	41	Tirich Mir
9	Mont Whitney	42	K2
10	Mont Mitchell	43	Nanga Parbat
11	Popocatepetl	44	Gasherbrum
12	Cotopaxi	45	Kamet
13	Chimborazo	46	Nanda Devi
14	Huascaran	47	Annapurna
15	Yerupaja	48	Manaslu
16	Aconcagua	49	Everest
17	Galdhöpig	50	Kangchenjunga
18	Ben Nevis	51	Fuji-Yama
19	Cuillins	52	Mont Kosciusko
20	Snowdon	53	Mont Ossa
21	Eiger	54	Mont Tasman
22	Jungfrau	55	Mont Cook
23	Cervin	56	Ruapehu
24	Mont Blanc	57	Mont Egmont
25	Pic Bernina	58	Mont Ziel
26	Ortler	59	Ayers Rock
27	Pic d'Aneto	60	Mont MacKinley
28	Djebel Toubkal	61	Mont Huntington
29	Olympe	62	Mont Roraima
30	Elbrous	63	Fitz Roy
31	Ararat	64	Mont Paine
32	Sinaï	65	Mont Carstenz
33	Kenya		

OURAL

ASIE

CARPATES

CAUCASE

30

29

31

T'IEN SHAN

38
39 PAMIR
40

32

41
42
HINDU-KUSH
43
44
45 46
KARAKORAM
49
HIMALAYA
47 48
50

51
JAPON

HAUT PLATEAU
ÉTHIOPIEN

QUE

MONT TIBESTI

MONT RUWENZORI

33

34

36
DRAKENSBERG

65

AUSTRALIE

CORDILLÈRE
AUSTRALIENNE

58

59 MONTS
MACDONNELL

MONTS
MUSGRAVE

52
SNOWY
MOUNTAINS

ALPES
AUSTRALIENNES

57

55

54 ALPES
NÉO-ZÉLANDAISES

56

53

EUROPE

Ce n'est que depuis deux siècles que s'est dissipé le halo de mystère et de terreur qui entourait les plus hautes montagnes du monde. Leurs sommets demeurèrent inviolés jusqu'au xviiie siècle. Les hommes ignoraient l'attrait sportif de l'escalade, et l'amour de la montagne leur était étranger. La plupart des peuples occidentaux considéraient les montagnes avec une extrême aversion. Elles semblaient trop chaotiques et sauvages à ceux qui aspiraient à un monde plus civilisé. En Orient, il en allait bien différemment. Les montagnes étaient vénérées pour des raisons religieuses et admirées pour leur beauté, mais bien peu nombreuses cependant étaient celles que l'on escaladait, et on ne le faisait jamais pour le plaisir.

Puis brusquement, en deux siècles environ, on a fait la conquête de tous les principaux sommets du monde. Des alpinistes de nombreuses nations, hommes et femmes de toutes conditions, consacrent par plaisir leur temps et leur argent à se mesurer aux rochers et aux pentes neigeuses. Certains écrivent des livres ou tournent des films sur leurs exploits. Les sociétés commerciales, tout comme les administrations, offrent volontiers leur parrainage. Tous les ans, quelque trente millions de skieurs se lancent allègrement sur les pentes. On peut s'interroger sur les causes de ce revirement relativement rapide de nos esprits en ce qui concerne les montagnes et chercher l'explication du fait qu'un si grand nombre de personnes trouvent des satisfactions tant intellectuelles que physiques, là où si peu en trouvaient auparavant.

La réponse se trouve dans les transformations qui se produisirent alors, en Europe principalement, et qu'engendrèrent les idées nouvelles qui, durant deux siècles fertiles en événements, modifièrent totalement nos conceptions sur le monde physique et la domination que nous exerçons sur lui.

Ces changements nous ont permis d'aimer la montagne, chacun à sa façon. C'est un amour à la fois actif et contemplatif, qui s'est répandu jusqu'aux confins les plus reculés du monde. En libérant leur esprit des superstitions, les hommes ont découvert l'un des milieux les plus favorables pour chercher et trouver les limites aussi bien intellectuelles que physiques de leurs possibilités.

Les Alpes

Elles dessinent un grand croissant qui s'étend des Alpes Maritimes, juste au-dessus de Nice, aux Alpes centrales et au mont Blanc, partie la plus élevée; puis elles tournent vers l'Est et après la France, touchent l'Allemagne, la Suisse, l'Italie, l'Autriche jusqu'au Danube et la

Yougoslavie; après une courte interruption elles sont prolongées à l'est par le grand arc des Carpates.

Des centaines de générations d'hommes ont vécu dans ces montagnes, mais ils ne s'aventuraient guère dans la partie enneigée et, lorsqu'ils le faisaient, ils ne grimpaient pas très haut et ne s'attardaient pas très longtemps. Les montagnes demeuraient des obstacles, qu'il fallait contourner ou traverser, et bien peu nombreux étaient ceux qui entrevoyaient le plaisir que l'on pouvait en tirer. « Je suis allé sur la montagne de Jupiter », écrivit Jean de Bremble, moine de Canterbury, lorsqu'il traversa le col du Saint-Bernard en 1188. « D'un côté je découvrais les hauteurs des sommets, de l'autre les abîmes des vallées et je me sentais si près du ciel qu'il me semblait que ma prière serait

entendue. « Seigneur » dis-je, « laisse-moi retourner près de mes frères, afin que je puisse les avertir de ne pas s'approcher de ce lieu de supplice ». Lieu de tortures en effet, où le sol de glace n'offre aucun appui solide au pied, où la pente glissante ne vous permet pas de vous tenir droit et où une mort certaine vous guette à la moindre chute. Tous les hommes des époques passées ne partageaient pas l'aversion de Jean de Bremble pour les paysages de montagnes. En 350 avant J.-C., Philippe de Macédoine gravit le mont Haemus dans les Balkans, car il espérait découvrir à la fois la mer Égée et la mer Adriatique de son sommet, tandis qu'en 1335 Pétrarque gravit les 1960 m du mont Ventoux. Au xiiie siècle, Pierre III d'Aragon gravit les 2 784 m du pic du Canigou, dans les Pyrénées, « afin de s'assurer de ce qui

se trouvait au sommet ». Il découvrit un lac et « lorsqu'il jeta une pierre dans le lac, il en sortit un horrible dragon de grande taille qui s'envola et obscurcit l'air de son souffle » écrit le chroniqueur.

En Europe, une des premières ascensions dont nous conservons un témoignage fut celle d'Antoine de Ville, seigneur de Domp Julien et de Beaupré qui, en tant que capitaine des *escalleurs* du roi Charles VIII, était à la tête de troupes d'hommes entraînés à escalader les murs des cités et des châteaux assiégés. En 1492, Antoine de Ville gravit les parois presque verticales du mont Aiguille dans le Sud de la France : un bastion de 2 096 m, connu sous le nom populaire de « Mont Inaccessible ». Ainsi que l'écrit l'un de ses compagnons, ils « durent gravir la moitié d'une lieue à l'aide d'échelles, puis une lieue par un chemin horrible et encore plus difficile à redescendre qu'à gravir ». C'était un exploit qui requérait toute l'adresse et l'expérience technique dont on était capable à l'époque.

Il s'agissait là d'un exercice militaire, mais d'autres montagnards dans le passé, se livraient à l'escalade pour de toutes autres raisons. Ainsi le naturaliste zurichois, Conrad Gesner, écrivit à un ami en 1541 : « J'ai décidé qu'à l'avenir, aussi longtemps que Dieu me prêtera vie, je ferai tous les ans l'ascension d'une ou de plusieurs montagnes, à l'époque où la végétation est à son apogée, d'une part pour me livrer à des études de botanique, d'autre part pour exercer mon corps et détendre mon esprit. Quel plaisir pensez-vous peut trouver un esprit averti dans la contemplation d'énormes masses montagneuses et dans le fait de se tenir au-dessus des nuages ? L'âme est transportée par ces hauteurs surprenantes et se livre à une méditation. Les philosophes rassasieront toujours leurs yeux et leur esprit par la contemplation de spectacles grandioses dont les moindres ne sont pas les sommets élevés, les montées abruptes, les pentes immenses qui grimpent vers le ciel, les rochers déchiquetés, les forêts ombreuses. » Nous trouvons exprimés ici pour la première fois les deux principaux motifs qui incitèrent la première génération de grimpeurs à escalader les montagnes : le désir de satisfaire une curiosité scientifique et celui de fournir un exercice salutaire au corps et à l'esprit, une détente. Cet avis ne fut pas suivi avant le XVIIIe siècle.

En 1779, le prieur de l'hospice du

Grand Saint-Bernard, monseigneur Murith, gravit le mont Velan. Avec ses 3 765 m, c'était alors le plus haut sommet des Alpes qui ait jamais été escaladé. En 1784 l'abbé Clément, curé de Champéry, gravit le sommet le plus élevé des Dents du Midi, tandis qu'en 1788 le père Placide de Spesecha atteignait le sommet de Stockgren dans la chaîne du Tödi, dans les Alpes de Glaris. Cette escalade était la première d'une longue série d'ascensions qui devait lui permettre d'explorer la chaîne de Tödi et qui trouva son couronnement en 1824 quand il tenta de gravir le sommet du Tödi lui-même. Il parvint à 275 m du sommet et bien que lui-même, épuisé, fut obligé de s'arrêter, il eut la satisfaction de voir ses deux compagnons, chasseurs de chamois, parvenir au sommet.

Bien que le père de Spesecha ait eu

La magnifique face sud du mont Blanc et l'arête du mont Maudit, vues d'Italie. Cette puissante paroi de glace et de granit, haute de 3 350 m est à l'échelle himalayenne et attire les alpinistes tant l'hiver que l'été. Le mont Blanc est le plus haut sommet d'Europe occidentale avec ses 4 807 m et l'ascension qu'en firent en 1786 le docteur Paccard et Jacques Balmat marqua le début de l'alpinisme moderne. Elle libérait les hommes des superstitions anciennes selon lesquelles on ne pouvait passer la nuit au-dessus de la limite des pentes enneigées, sans déchaîner la colère des esprits et risquer un châtiment fatal. Peut-être est-ce parce que son magnifique sommet enneigé est visible de Genève, que le mont Blanc fut la première, parmi les hautes montagnes, dont on tenta l'ascension. Quelques années après sa conquête, un flot régulier de touristes s'aventurait vers son sommet, sous la conduite de guides, mais en empruntant une autre face.
De nos jours, un tunnel de 9,5 kilomètres, creusé sous le mont Blanc, relie la ville italienne de Courmayeur à Chamonix, la plus importante station française en ce qui concerne le ski et l'alpinisme.

En haut à droite : ce magnifique oiseau, le vautour barbu, était presque en voie d'extinction en Europe, mais la race commence lentement à renaître. Il plane solitaire dans les régions sauvages. On le distingue facilement des aigles, des buses et des milans par son envergure étroite et longue de 2,7 m.

A droite : l'edelweiss, qui a inspiré tant de chants et de poèmes, est étroitement associé aux endroits de haute montagne. Il pousse dans les Alpes au-dessus de la limite des arbres et jusqu'à trois mille mètres d'altitude.

peu d'influence en dehors de sa propre région, il vécut assez pour voir les débuts de l'alpinisme populaire dans la vallée de Chamonix. A l'époque de sa mort, le plus haut sommet des Alpes, le mont Blanc, était devenu une nouvelle étape du « Grand Tour », pour les jeunes gentilshommes qui parcouraient l'Europe.

Le mont Blanc

En 1760 un naturaliste et physicien de Genève, Horace-Bénédict de Saussure, se rendit à Chamonix et fut charmé par sa vallée. Il effectua quelques reconnaissances de sommets voisins et offrit un prix à la première personne qui trouverait une voie d'accès vers le sommet du mont Blanc; ce n'est que quinze ans plus tard qu'une réelle tentative fut faite, mais l'intérêt porté aux montagnes allait

cependant en grandissant. Des naturalistes, des physiciens et des géologues exploraient les Alpes. L'origine et la répartition des glaciers les fascinaient, de même que l'étude des capacités physiques humaines. Les habitants, qui possédaient une certaine expérience de l'escalade des montagnes, devinrent guides professionnels et quelques-uns des sommets les plus bas furent escaladés avec succès.

En juin 1786, un Savoyard de vingt-cinq ans, Jacques Balmat, fit une tentative solitaire pour remporter le prix de Saussure. Il connaissait bien les pentes inférieures du mont Blanc pour s'y être livré à la recherche de cristaux et à la chasse aux chamois. Il monta d'une allure rapide jusqu'à la tombée de la nuit et s'abrita alors dans une crevasse. Le lendemain il revint à Chamonix, le visage brûlé par la réverbération du soleil sur la neige, mais il avait porté atteinte à la vieille superstition qui prédisait la mort de celui qui passerait la nuit au-dessus de la limite des neiges. Il alla montrer son visage brûlé au médecin local, Michel-Gabriel Paccard, qui s'intéressait lui-même depuis plusieurs années au plus haut sommet d'Europe. Ils unirent leurs forces et se mirent en route le 7 août. Les conditions météorologiques leur étaient heureusement favorables, car ils étaient vêtus comme pour une promenade dans la vallée et n'avaient pour tout équipement qu'un *Alpenstock*, long bâton ferré. Le lendemain après-midi, ils approchaient du sommet.

« Au fur et à mesure que je m'élevais, » écrivit Balmat par la suite, « l'air devenait moins facile à respirer et j'étais obligé de m'arrêter presque tous les dix pas, je respirais péniblement, comme quelqu'un atteint de phtisie. J'avais

l'impression de ne plus avoir de poumons. Le froid augmentait et il fallait une heure pour parcourir un quart de lieue. » Ils avançaient lourdement dans la neige. Soudain, ils y furent. «Je regardai autour de moi, tremblant de crainte qu'il n'y ait quelque autre nouvelle aiguille inaccessible. Mais non, non ! Je n'avais plus la force de monter; il me semblait que les muscles de mes jambes n'étaient plus maintenus que par le tissu de mon pantalon. Mais j'avais bien atteint mon but : je me trouvais en un lieu qu'aucun autre être vivant

En haut à gauche : vous avez très peu de chances de regarder d'aussi près un aigle royal, comme celui qui se tient dans ce nid avec son aiglon. Bien que ce soit l'aigle le plus commun en Europe, le nombre de ses représentants diminue et on ne les trouve plus guère que sur les montagnes les plus sauvages.

Au centre à gauche : le lis orange — Lilium croceum — est l'une des plus belles fleurs sauvages qui poussent dans les prairies luxuriantes des Dolomites.

En bas à gauche : deux bouquetins mâles se livrent un combat à propos d'une femelle et le choc de leurs cornes retentit à travers les montagnes. Il existe plusieurs races de ces chèvres sauvages répandues à travers les montagnes d'Europe, d'Asie et d'Afrique. Le mâle possède de longues cornes recourbées et cannelées.

A droite : cet alpiniste progresse lentement sur la face nord-est du Doldenhorn (3 643 m), dans l'Oberland. C'est le dernier pic de la chaîne du Blümlisalp, qui s'élève au-dessus de Kandersteg. Cette partie des Alpes domine les plaines nord-ouest d'Europe. Le sommet de cette paroi haute de 701 m est protégé par un passage difficile sur une crête de calcaire friable, tandis qu'à l'horizon se profile l'arête nord-est, une arête classique connue sous le nom de Galletgrat.
Notez comment la corde passe par un relais d'assurance qui comprend un piton à glace, enfoncé dans la paroi, auquel on attache une corde en nylon par l'intermédiaire d'un mousqueton à fermeture par pression. La corde passe par le « moustif » et si le premier de cordée tombe, il ne tombera que de la longueur de corde qui le sépare du piton avant d'être retenu par son compagnon, au lieu de tomber de toute la longueur de la corde. L'alpiniste utilise ces pitons pour s'assurer, et non pour faciliter sa progression. On voit là une technique classique d'escalade sur glace, le leader s'appuie sur les pointes avant de ses crampons et utilise la tête de son marteau-piolet au lieu de tailler des prises pour ses mains et ses pieds.

n'avait atteint auparavant, même pas un aigle, ni un chamois. J'étais le maître du mont Blanc; j'étais la statue de ce piédestal unique en son genre. »

Paccard, resté méconnu pendant tout un siècle, s'était livré à des observations scientifiques durant la demi-heure qui suivit. Ils se trouvaient sur le sommet le plus élevé d'Europe, à 4 807 m, devant le magnifique panorama des Alpes avec ses quatre glaciers brillant au soleil.

Cette merveilleuse aventure fut cependant de courte durée, ils étaient de retour à Chamonix le jour suivant, mais leurs doigts étaient gelés et ils avaient été presque aveuglés par la réverbération. Aucunement rebuté par de tels risques, Saussure lui-même accomplit le même exploit l'année suivante.

Ces ascensions inauguraient la vogue de l'alpinisme et celle-ci se poursuivit sans faiblir jusqu'à nos jours. Les hommes étaient capables de respirer en altitude et même de survivre à une nuit passée sur la montagne. Ni esprits, ni démons, ni dieux, ne manifestaient leur colère. Peu à peu, le prétexte scientifique laissa place au seul plaisir. Les montagnes devinrent des attractions touristiques. En 1808 une femme atteignit pour la première fois le sommet du mont Blanc. Il s'agissait d'une jeune paysanne savoyarde de dix-huit ans, Maria Paradis. L'ascension accomplie trente ans plus tard par Henriette d'Angeville fut pendant longtemps considérée comme la première ascension réalisée par une femme. Durant la seconde partie du XIXe siècle, la compétition devint aussi acharnée entre les femmes qu'entre les hommes. Les femmes s'avérèrent des alpinistes remarquables, en dépit des problèmes que posait leur habillement.

L'alpinisme n'était pas la seule activité qui connût du succès. Le premier séjour de sports d'hiver fut organisé en 1865 à l'Hôtel Kulm, à Saint-Moritz, et il fut consacré aux descentes en luge, au patinage et aux promenades en traîneau. Le ski fit sa première apparition en Suisse en 1868. La même année, un paysan norvégien presque illettré, Sondre Oversen Norheim, effectua le trajet de Morgedal (dans le Telemark) à Oslo et fit, devant un public stupéfait la première démonstration d'une technique parfaitement contrôlée du ski. Il

A gauche : le mont Ponset (5 282 m) à droite et Cayre de la Madone au centre, vus du sud-ouest. On voit à gauche du mont Ponset la longue arête ouest, célèbre par ses voies classiques d'escalade de rocher. Cette région des Alpes du Sud n'est distante de la Méditerranée que d'une cinquantaine de kilomètres, le climat et la flore de la vallée sont subtropicaux.

avait inventé, ou amélioré, un ski recourbé sur lequel le pied était solidement attaché au talon et aux orteils, on nomma ce ski le « ski Telemark ». Ainsi débuta un sport qui aujourd'hui mobilise, chaque année, quelque trente millions d'adeptes, à travers le monde.

L'origine lointaine du ski est inconnue. On a trouvé des skis vieux de 2 500 ans avant J.-C. au Kazakhstan, en Asie centrale et à Hoting, en Suède. Les écrits les plus anciens sur ce sujet sont chinois, ils remontent au VIIe siècle et décrivent la pratique du ski par la tribu turque des Kirghiz : « ils glissent sur la glace avec des planches en bois qu'ils fixent à leurs pieds. » Depuis les temps préhistoriques, le ski a toujours fait partie de la vie quotidienne en Scandinavie. Ce sont des émigrés scandinaves qui l'introduïsirent en Amérique du Nord et en Australie, où il devint une activité sportive un peu plus tôt qu'en Europe. Le premier ski-club du monde fut fondé en 1861 à Kiandra, en Australie. Le premier ski-club américain suivit en 1867 à la Porte, en Californie.

Le grand public prit conscience du ski lorsque Nansen effectua, en 1888, la traversée à ski du Groenland. Bientôt après, Mathias Zdarsky, officier de réserve autrichien, inventa une nouvelle technique pour skier sur les pentes des Alpes et ouvrit une école à Lilienfeld, près de Vienne, en 1896. La technique de ski mise au point par Zdarsky permettait au skieur de tourner, de freiner et de contrôler sa vitesse, sur les pentes raides et sur les dénivellations, et exigeait aussi un équipement spécial. En très peu de temps ce nouvel équipement sportif devint incompatible avec la technique plus traditionnelle du ski nordique, qui consistait essentiellement à parcourir de grandes distances en plat.

Le ski alpin s'est lui-même divisé en plusieurs disciplines. Le ski de compétition comprend trois sortes d'épreuves : La descente, le slalom et le slalom géant; tandis que le ski de détente permet de réaliser de longues descentes à travers les massifs montagneux. Ces dernières années sont nées des techniques nouvelles, comme le ski acrobatique et le ski-ballet. Ces deux nouvelles disciplines sont en train de se développer et figurent à la fois dans le ski de compétition et le ski de détente. Elles ont aidé à populariser les skis courts.

L'énorme succès remporté par les sports d'hiver depuis le début du siècle découle en partie du fait que l'on dispose à la fois de plus d'argent et de plus de temps de loisirs, et aussi en partie de l'équipement mécanique des régions de montagne en téléskis, télésièges et téléphériques, qui permettent d'atteindre sans effort le sommet des pentes.

Il existe d'autres sports de montagne,

qui ont gagné la faveur du public comme le deltaplane et plusieurs techniques qui associent le ski, le deltaplane et le parachute.

L'âge d'or

L'époque connue sous le nom d'Age d'Or de l'alpinisme en Europe commença en 1854 avec l'ascension du Wetterhorn par l'Anglais Alfred Wills et se termina en 1865 par la triomphale ascension d'un autre Anglais, Edward Whymper, sur le Cervin (en allemand Matterhorn) et la désastreuse descente qui suivit et au cours de laquelle quatre membres de son équipe furent tués.

Durant cette période de onze ans, un grand nombre de sommets furent conquis pour la première fois. En tout, plus de soixante sommets furent escaladés, notamment le mont Rose au-dessus de Zermatt, l'Eiger, le Pelmo, dans les Dolomites, et l'Aiguille Verte, dans le massif du Mont-Blanc.

La plupart de ces prouesses étaient accomplies par des Britanniques. Toutefois pendant les trente années précéden-

En haut à droite : le magnifique cirque Sciora, dans les Alpes de Bregaglia qui forment la frontière entre l'Italie et la Suisse. Elles sont vues ici du nord-ouest; de gauche à droite, les pics Fuori, Pioda, Ago et Dentro, et le glacier Bondasca à l'extrême droite. Ces invraisemblables tours de granit gris possèdent d'excellents itinéraires de varappe de tous niveaux.

A droite : la splendide paroi granitique du Grand Zawn, à Bosigran en Cornouailles, offre d'excellentes conditions d'escalade de falaise côtière. L'alpiniste, Pete Livesey, négocie un passage difficile sur la voie Dream (rêve), très haut au-dessus des vagues de l'Atlantique. L'escalade des falaises côtières a une histoire qui remonte à l'époque médiévale, lorsque les hommes descendaient le long de cordes pour aller chercher des œufs d'oiseaux. Vers la fin du siècle dernier, les alpinistes britanniques prirent l'habitude de s'entraîner sur les collines de leur pays, avant de s'aventurer dans les Alpes, et ils les trouvèrent « tout à fait remarquables ». L'escalade des falaises côtières ne se généralisa cependant en Grande-Bretagne qu'à partir de 1960.

A gauche : un skieur exécute un spectaculaire Flip arrière (saut périlleux) lors d'une démonstration de ski acrobatique. L'autre discipline des championnats mondiaux de ski Freestyle est le ballet à ski qui s'apparente au patinage artistique et comprend de nombreuses figures. Le ski Freestyle, ou ski artistique, débuta en Amérique durant les années 60.

tes, les Suisses, les Allemands et les Français avaient réalisé de nombreuses *premières*. Mais il est assez remarquable que durant l'Age d'Or trente et une ascensions importantes sur trente-neuf furent accomplies par des Britanniques, si l'on en croit toutefois l'historien et alpiniste américain W.A.B. Coolidge. Les principes et les méthodes de ces hommes donnèrent le ton à l'alpinisme européen tout au long de cette période de formation et jouèrent un rôle si important que l'alpinisme paraissait alors un sport britannique. Les alpinistes comprenaient surtout des grimpeurs professionnels, mais aussi des ecclésiastiques et des hommes indépendants.

La technique était encore primitive. Les alpinistes emportaient des cordes, mais n'avaient qu'une faible idée de la façon de les utiliser correctement. Le piolet était presque inconnu et l'alpenstock n'avait guère changé depuis l'époque de Saussure. On taillait souvent les marches dans la glace avec une hachette.

Le Club Alpin *(Alpine Club)* fut créé à Londres en 1857, il était presque exclusivement réservé aux alpinistes britanniques d'un certain niveau. D'autres clubs furent fondés en Europe et s'ils attiraient de nombreux alpinistes de valeur, ils accueillaient aussi bien ceux qui aimaient la montagne que ceux qui pratiquaient l'alpinisme. De plus en plus de gens s'intéressaient aux montagnes pour leur plaisir et cette tendance était favorisée par l'extension des lignes de chemins de fer dans les régions montagneuses. L'année 1874 vit la création du Club Alpin Français.

Dès 1860, le Cervin était considéré comme « la dernière grande inconnue des Alpes ». C'était le premier d'une longue série de pics, faces et versants, à se voir attribuer ce titre « provocant ». Beaucoup pensaient qu'on ne pouvait en faire l'escalade. « Il semblait qu'un trait circulaire l'entourât et qu'il fût possible de monter jusqu'à cette limite, mais pas au-delà, » écrivit Edward Whymper. « Les habitants superstitieux... mettaient en garde, ceux qui auraient voulu s'approcher inconsidérément, contre les démons furieux qui pouvaient se précipiter de ces hauteurs inaccessibles pour se venger. »

Whymper fit huit tentatives, avant de réussir enfin la conquête du Cervin en 1865; mais sa victoire fut immédiatement suivie d'une catastrophe qui compte sans doute parmi les plus dramatiques de l'alpinisme. « Whymper ne rêvait pas de cette ascension, il la voulait et il était impatient » écrivit Gaston Rébuffat, qui fit lui-même l'ascension de cette montagne et lui consacra un livre.

Whymper et son équipe se mirent en route par un matin sans nuage, le 13 juillet 1865, afin de tenter l'escalade par l'arête suisse. Ils se rendirent rapidement compte que son aspect inaccessible n'était qu'une illusion d'optique. Certains endroits qui paraissaient inabordables vus d'en-bas « étaient si faciles que nous les franchissions en courant », écrivit Whymper par la suite.

Whymper et son équipe atteignirent le sommet le lendemain et découvrirent alors une vue stupéfiante. A l'ouest ils voyaient le mont Blanc scintiller au soleil, au sud ils découvraient la chaîne des Alpes maritimes, distantes de plusieurs centaines de kilomètres et au nord l'Oberland.

« Nous restâmes une heure entière sur le sommet, (*One crowded hour of glorious life* — « Une heure bien remplie de vie glorieuse). Cette heure passa trop vite, et nous nous préparâmes à descendre. »

Durant la descente, quatre membres de l'équipe encordés ensemble tombèrent. Whymper et son guide Pierre Taugwalder s'accrochèrent aux rochers. « La corde se tendit d'un coup sec. Nous tînmes bon le plus possible; mais par malheur elle se rompit entre Taugwalder et lord Francis Douglas, au milieu de la distance qui les séparait. Pendant quelques secondes nous pûmes voir nos infortunés compagnons glisser sur le dos avec une vitesse vertigineuse, les mains étendues pour tâcher de sauver leur vie en se cramponnant à quelque saillie du rocher. Ils disparurent un à un à nos yeux sans avoir reçu la moindre blessure et roulèrent d'abîme en abîme jusque sur le glacier du Cervin, à 1 200 mètres au-dessous de nous ».

Whymper écrivit aussi : « D'autres pourront fouler sa cime glacée, nul n'éprouvera l'impression que ressentirent ceux qui, pour la première fois, contemplèrent ce panorama merveilleux; nul, je l'espère, ne sera condamné à voir sa joie se changer en désespoir, ses éclats de rire devenir des cris de douleurs. »

Cet accident souleva l'hostilité du public contre l'alpinisme et suspendit son développement pendant une généra-

Le Ben Nevis (1 343 m) est la plus haute montagne de Grande-Bretagne. Sa face nord-est est vue ici de la vallée de Mhuilinn, de l'autre côté du canal de Calédonie. Le « grand mur » à droite de la vallée est la plus importante paroi rocheuse de Grande-Bretagne, il a 3 kilomètres de long et 600 mètres de haut en certains endroits. Il offre quelques-unes des voies les plus difficiles du pays, quoique l'on puisse également atteindre le sommet en effectuant une marche facile. La photo a été prise en juin et l'on trouve souvent un excellent enneigement, même au mois de mai.

tion. Ensuite l'alpinisme reprit sa progression. Les grimpeurs éprouvèrent la tentation d'atteindre par des faces nouvelles et plus difficiles le sommet de montagnes déjà conquises. C'est alors que l'alpinisme devint un sport à part entière.

La Grande-Bretagne

En Grande-Bretagne, les alpinistes qui avaient accompli tant d'exploits dans les Alpes découvrirent les mérites du Pays de Galles, du plateau du Derbyshire, du Discrict des Lacs et de l'Écosse, en tant que terrains d'entraînement. Le meilleur grimpeur de l'époque, qui devait par la suite être tué sur le mont Everest, George Mallory, écrivit de ces hommes :

« L'escalade signifie pour eux bien plus qu'une simple distraction... Une journée bien remplie dans les Alpes ressemble à une grande symphonie... L'âme accomplit un voyage, tout comme le corps. L'individu se sent en quelque sorte sublimé, mais sans que sa conscience diminue aucunement; bien au contraire, elle devient plus aiguë et l'individu se réalise plus pleinement qu'il ne l'a jamais fait auparavant. Ce sont ces moments, où nous faisons l'expérience d'une harmonie totale, qui restent toujours gravés au plus profond de nous-mêmes. »

C'était à peu près la même idée qu'avait exprimée le poète Samuel Coleridge, une centaine d'années plus tôt : « Plus je m'élève au-dessus de la nature, des hommes, des animaux, des oiseaux qui peuplent les bois, les champs, et plus intensément grandit en moi la sensation de vie. »

A notre époque où, en Europe, un alpiniste doit se donner beaucoup de mal pour découvrir une ascension qui n'ait pas encore été réalisée, il n'est pas inutile de rappeler les sentiments de ceux qui eurent cette chance et qui surent l'exprimer par des mots. Citons Geoffrey Young, qui écrivit après une « première » qu'il effectua sur un roc du Pays de Galles.

« Personne avant moi n'avait marché sur cette corniche, depuis que la terre émergea du chaos. Nul regard ne s'était posé avant le mien sur ce quartz étincelant. Je vibrais d'impatience de la tête aux pieds. Et un enchantement aussi secret et envoûtant qu'un premier amour semblait tapi au creux des collines et parois qui m'entouraient. »

La technique s'améliorait. On mit au point l'utilisation de la cordée, on adopta une méthode d'escalade plus équilibrée, le bâton ferré et la hachette furent remplacés par le piolet, qui pouvait, utilisé par une seule main, remplir les deux rôles. Les marteaux et

Ci-dessus : *la face nord de l'Eiger dans les Alpes bernoises, théâtre de tant de tragédies et d'exploits. Même en été, comme sur cette photo, la face nord de l'Eiger ne reçoit jamais le soleil et reste couverte de neige et de glace. Cette paroi calcaire concave de 1 402 m est appelée l'Eigerwand (le mur de l'ogre). Après la tragédie de 1936 au cours de laquelle quatre hommes moururent sur la paroi (le dernier d'entre eux mourut à portée des sauveteurs qui avaient grimpé jusque-là par le couloir du chemin de fer de la Jungfrau), les autorités suisses interdirent l'accès de la paroi. Cette décision augmenta évidemment son attrait aux yeux d'un certain nombre de grimpeurs et assura la présence de nombreux touristes qui venaient assister au spectacle (la paroi est parfaitement visible des hôtels de Grindelwald). Le colonel Strutt, rédacteur en chef de* The Alpine Journal *écrivit : « L'Eigerwand — toujours invaincu — constitue une véritable obsession pour tous les cerveaux un peu dérangés d'un certain nombre de pays. Celui qui réussira le premier peut être assuré qu'il aura accompli l'exploit le plus* stupide de toute l'histoire de l'alpinisme. » *Moins de six mois plus tard, en juillet 1938, cet exploit fut accompli par une équipe austro-germanique. Longtemps après, l'un des vainqueurs, Heinrich Harrer, écrivit : « On a vivement déploré que l'alpinisme ait été dégradé par les ascensions et les tentatives effectuées sur cette paroi parce qu'elle est devenue une sorte d'arène, de scène de plein air sur laquelle on peut suivre tous les mouvements des acteurs. ... Personne ne le regrette davantage que ceux mêmes qui font l'ascension de cette face nord de l'Eiger. Ils ne désirent rien tant que la paix et la tranquillité; ils n'ont pas envie qu'on les regarde. Ils ont la nostalgie de l'époque de leurs grands-pères, lorsque personne ne prêtait attention aux grimpeurs, ni ne se préoccupait de les regarder ».*

A droite : *l'été dans les Alpes pennines en Suisse. Trois alpinistes font une pause pour admirer la vue du sommet du Rimpfischhorn (4 199 m).*

les pitons firent leur apparition, ainsi que les coins que l'on pouvait insérer dans une fissure et autour desquelles on pouvait faire passer la corde pour protéger celui qui grimpait en tête, s'il venait à tomber. Comme cela arrive toujours, le bien-fondé de l'utilisation de ce matériel donnait lieu à de vives discussions.

Après la Première Guerre mondiale, une méthode d'escalade marquée par le goût de la compétition s'imposa, et l'ascension qui laissait libre cours à la poésie et à la méditation fut écrasée par le nationalisme. Mais l'expérience augmentait, car chaque génération de montagnards s'appuyait sur l'expérience de la génération qui l'avait précédée.

La conquête de l'Eiger

L'esprit de compétition engendré par le nationalisme conduisait certains, tout particulièrement les Allemands, à tenter l'impossible en essayant d'effectuer des ascensions héroïques, comme celle de la face nord de l'Eiger, en Europe, et celle du Nanga Parbat, dans l'Himalaya.

L'Eigerwand, comme on appelle le grand mur concave de calcaire qui forme la face nord-est de l'Eiger, s'élève au-dessus de la vallée de Grindelwald, offert à la contemplation des touristes. Les tragédies qui se déroulèrent sur sa face lugubre et sans soleil ne pouvaient manquer de faire « la une » des journaux, à travers le monde.

La première tentative sérieuse d'ascension de l'Eigerwand fut effectuée en 1935 par deux jeunes alpinistes bavarois, qui moururent au cours d'un orage, à l'endroit que l'on appelle depuis lors, le « Bivouac de la Mort ». L'été suivant, deux alpinistes autrichiens et deux Allemands se mirent en route pour ce qui allait devenir l'une des grandes tragédies de l'alpinisme. C'était l'année où les Jeux Olympiques se tenaient à Berlin. Hitler avait annoncé que la première équipe qui réussirait l'ascension de l'Eigerwand recevrait la Croix de Fer : l'entreprise était donc fortement teintée de nationalisme.

Les quatre hommes étaient tous de bons grimpeurs, et Toni Kurz était à la fois guide diplômé et membre du régiment allemand de chasseurs alpins. Le troisième jour, ils avaient atteint un endroit situé juste au-dessus du « Bivouac de la Mort ». Les conditions météorologiques s'aggravèrent le lendemain et on put voir que les quatre hommes essayaient de redescendre. Hinterstoisser tenta à l'envers un rétablissement dans un passage difficile, car les grimpeurs avaient retiré leur corde après avoir franchi cette difficulté à la montée. Il échoua et non encordé, fit une chute mortelle. Un autre grimpeur, atteint d'une fracture du crâne provo-

quée par une chute de pierres, tomba au même moment et fut étranglé par sa corde, son compagnon de cordée, hissé en l'air, se trouva coincé par un mousqueton; il mourut gelé, le corps collé à la paroi par la glace. Le quatrième homme, Kurz, se balançait entre deux cadavres, hors d'atteinte de l'équipe de sauveteurs qui avait grimpé par l'une des trouées du chemin de fer de la Jungfrau, qui serpente sur le versant. Après une nuit glacée, le bras gauche de Kurz était complètement gelé, mais il put néanmoins suivre les instructions et reprendre quelques longueurs de corde à ses compagnons morts. Il défit les brins en se servant de sa main valide et de ses dents, et les attacha bout à bout pour faire une seule corde le long de laquelle il put descendre. La corde était trop courte de 3 m et il dut nouer un autre morceau. Mais ce nœud se coinça dans le mousqueton, qui maintenait Kurz à la corde. Il mourut à une longueur de piolet de ses sauveteurs, qui entendirent très clairement les dernières paroles qu'il prononça : « je suis perdu. »

Deux ans plus tard, en 1938, un groupe d'Autrichiens et d'Allemands réussit la première ascension victorieuse. Les Autrichiens s'appelaient Heinrich Harrer et Fritz Kasparek. Ils se mirent en route le 21 juillet. Le jour suivant, après un bivouac inconfortable, Harrer regarda les marches qu'ils avaient taillées. « Je vis deux hommes en train de courir, je dis bien courir, et non grimper, le long des marches... il semblait à peine possible qu'ils soient seulement partis... aujourd'hui. » Ces deux hommes étaient les Allemands Ludwig

A droite : *le Cervin dans les Alpes pennines est l'une des montagnes les plus extraordinaires du monde, il entre dans le ciel bleu comme une grande dent. Ici, il est vu du nord-est et l'arête Hornli se trouve au centre. L'arête Zmutt se situe à droite et l'arête Furggen, la plus difficile, à gauche. L'arête italienne est à l'arrière-plan. En 1865, Whymper fit la première ascension de cette montagne de 4 476 m, il emprunta l'arête Hornli, encore considérée comme l'itinéraire le plus facile, et il utilisa des cordes sur la partie la plus difficile. Cette ascension a été réalisée dans le temps record de 1 heure 14 minutes.*
L'arête italienne fut gravie par le rival de Whymper, Jean-Antoine Carrel, très peu de temps après la victoire, suivie d'un désastre, de Whymper. L'ascension de l'arête Zmutt fut réussie pour la première fois en 1879, par Mummery, mais la difficile arête Fuggen ne fut pas vaincue avant 1911. Depuis lors, on a fait l'ascension de toutes les faces par la voie directe, en solitaire, en hiver.

Vörg et Andreas Heckmair, tous deux portaient les crampons les plus récents, à douze pointes. Les deux équipes décidèrent de faire l'ascension ensemble. Durant l'après-midi du même jour, Kasparek tomba et fit une chute de 18 m, avant d'être retenu par la corde. Lorsqu'ils bivouaquèrent cette nuit-là, Harrer raconta plus tard « l'attitude décontractée de Vörg, le "Roi du Bivouac" était tout à fait remarquable. Même à un endroit comme celui-ci, il n'avait aucunement l'intention de se passer du plus grand confort qui fut possible. Il passa même ses chaussons fourrés et l'expression qu'il avait sur le visage était celle d'un authentique expert en la matière. »

Durant la nuit, Harrer glissa de son perchoir et se réveilla pendu au bout de sa corde dans l'espace. Le lendemain, ils eurent à affronter une avalanche et le jour suivant, après un autre bivouac, Heckmair tomba et fut rattrapé par Vörg, dont la main fut blessée par le crampon d'Heckmair. Lorsqu'ils atteignirent enfin le sommet, dans les mugissements du vent glacial, il faisait tellement sombre que Heckmair et Vörg faillirent dépasser le sommet et plonger le long de la face sud. Quand ils se tinrent tous ensemble au sommet du pic, les Autrichiens avaient passé 85 heures sur la montagne et les Allemands 62 heures. Leur itinéraire prit le nom d'Itinéraire 1938. Depuis lors, cette ascension a été refaite.

L'alpinisme de l'après-guerre

Depuis la Seconde Guerre mondiale, dans toutes les parties du monde, des itinéraires de plus en plus difficiles ont été empruntés pour gravir des parois dont l'ascension avait déjà été réalisée. Ces itinéraires sont souvent appelés « Voie directe », car ils s'élèvent presque en ligne droite sur les parois rocheuses. Le mur périlleux de l'Eiger a été gravi deux fois par un itinéraire direct et ce fut par des femmes et en hiver.

Partout ailleurs dans les Alpes, depuis la fin de la guerre, le nombre de touristes qui se rendent à la montagne a considérablement augmenté. Le ski connaît un essor prodigieux, ainsi que d'autres sports de montagne tels que le trekking. Rien que dans le massif du Mont-Blanc, il existe plus de 2 000 ascensions et la plupart n'ont été rendues possibles que par les améliorations récentes apportées dans les domaines de la technique, de l'équipement et du matériel. Comme dans tous les autres sports de compétition, les limites du possible reculent sans cesse et si l'on constate actuellement une réaction contre l'utilisation de matériels tels que les pitons à expansion (qui permirent cependant les premières ascensions par des itinéraires nouveaux), le niveau de la technique s'est tellement amélioré que l'on peut désormais réaliser de nouvelles ascensions sans le secours de ces moyens techniques. Les Alpes sont devenues l'une des régions du monde où l'alpinisme est le plus actif, mais il ne s'agit pas toujours d'exploits épiques. Pour un grimpeur, que son désir de réaliser une « première » conduit à la limite de ses possibilités, il en existe des centaines d'autres qui se satisfont du simple plaisir de grimper, de se trouver à la montagne, affrontés au rocher ou à la glace, et à une forme de réalité très spéciale, très personnelle. Il existe aussi des milliers d'autres visiteurs qui pour rien au monde ne feraient de varappe, mais qui n'en aiment pas moins profondément la montagne.

Les sports de montagne font aujour-

d'hui partie des loisirs de Monsieur Tout-le-Monde et des milliers de jeunes gens et de jeunes filles pratiquent l'alpinisme au cours de leur éducation, tant pour la formation du caractère que pour l'exercice qu'il dispense.

Les montagnes sont devenues des endroits très fréquentés et il est parfois difficile d'y trouver la solitude tant appréciée auparavant. Les grimpeurs sont obligés de suivre une file d'attente avant de pouvoir s'attaquer aux sommets les plus accessibles, les téléphériques emplissent les vallées de leur bruit, et la civilisation moderne est parvenue jusqu'à certains hauts sommets sous la forme de restaurants et de détritus. Cette évolution inquiète ceux qui aiment la montagne, car la conquête des sommets a eu pour conséquence de modifier à la fois les montagnes et les alpinistes.

L'Europe ne subit pas tout entière des invasions aussi importantes que le Pays de Galles et les Alpes centrales, avec leurs stations de ski et leurs voyages organisés. Au nord, se dressent les montagnes de Scandinavie. En Norvège, on s'est particulièrement efforcé de préserver les montagnes de toute dégradation. Au sud de l'Europe se dressent les Pyrénées, dont le tourisme a davantage respecté le magnifique panorama.

L'Europe de l'Est

Le grand croissant des Alpes s'étend à l'Est à travers l'Autriche, puis descend vers le sud, dans les Alpes dinariques à travers la Yougoslavie, jusqu'aux Balkans. Un peu plus au nord, les Alpes se confondent avec les contreforts des Carpates, qui forment un autre grand croissant autour des plaines hongroises; elles bordent les frontières de la Tchécoslovaquie, de la Pologne et de l'Ukraine, avant de s'enfoncer en Roumanie. Encore plus à l'est, le Caucase s'étend de la mer Caspienne à la mer Noire, tout aussi magnifique que les Alpes avec le mont Elbrous qui culmine à 5 633 m, quelque 800 m de plus que le mont Blanc.

Le mont Ararat (5 156 m) et le petit Ararat, de l'autre côté du col. Cette montagne est célèbre comme étant l'endroit ou Noé s'arrêta à la fin du Déluge; on a souvent tenté de retrouver son arche près du sommet, mais sans succès. Vers la fin du XIXᵉ siècle cette montagne, qui se trouve actuellement en territoire turc, formait le point de jonction entre la Russie, la Turquie et la Perse (ou Iran), et les pentes du Petit Ararat constituaient un repaire de bandits. Le mont Ararat surplombe de 4 300 m des plaines arides, il est visible à une distance de 160 kilomètres.

Ci-dessus : *le « Trône de Zeus », haut sommet du mont Olympe en Grèce. Lorsque l'atmosphère est aussi féérique qu'elle l'est sur cette photo, il est aisé de comprendre pourquoi les hommes éprouvaient une certaine crainte des montagnes élevées et solitaires et pourquoi ils les considéraient comme des lieux hantés par les dieux, les démons et les esprits. Les montagnes ont joué un rôle important dans plusieurs grandes religions.*

A gauche : *un alpiniste sur la voie « Dibona » de la Cima Grande de Lavaredo (2 999 m) dans les Dolomites italiennes. Ces superbes tours de calcaire magnésique sont typiques des Dolomites, qui tirent leur nom du géologue français, le marquis de Dolmieu, qui se rendit dans cette région, en 1789, et décrivit la qualité particulière de cette roche que les alpinistes apprécient tellement.*

Bien que les alpinistes occidentaux soient très bien accueillis, la plupart d'entre eux s'adaptent mal à la conception soviétique de ce sport : escalades bien organisées et étroitement surveillées. Le Caucase offre cependant quelques-unes des très belles ascensions du monde. Dans la région des Tatras, dans les Carpates, les alpinistes polonais sont entraînés à pratiquer de très longues traversées entre les sommets et se classent parmi les meilleurs alpinistes. Ces montagnes attirent chaque année quatre millions de visiteurs et seuls les grimpeurs *bona fide* sont autorisés à s'écarter des itinéraires balisés.

Au sud du Caucase, se dressent les montagnes de Turquie et l'on peut considérer l'arrivée de Noé sur le sommet du mont Ararat comme la première « conquête » d'une montagne. « Cela se produisit dans un concours de circonstances qui ne se représentera vraisem-blablement jamais » écrivit Francis Gribble dans son livre *The Early Mountaineers* (Les premiers alpinistes).

D'un point de vue positif, la Seconde Guerre mondiale permit d'améliorer les méthodes de survie et l'équipement. Ces améliorations permirent à des hommes de faire des ascensions, de survivre et même d'éprouver du plaisir dans des situations qui auraient été suicidaires, deux cents ans auparavant. Cela constitue en soi une merveilleuse réussite. Il est tout aussi merveilleux que l'amour de la montagne soit ressenti par des millions de personnes qui skient, pratiquent l'escalade ou la randonnée pédestre, ou éprouvent tout simplement de la joie à contempler quelques-uns des plus beaux paysages du monde.

AMÉRIQUE DU NORD

Le continent nord-américain est un paradis pour ceux qui aiment la montagne. La variété des massifs et des climats permet de pratiquer l'alpinisme sous toutes ses formes, depuis les escalades de type himalayen sur les montagnes de l'Arctique ou sur les parois du Yosemite Park, jusqu'aux parcours sur les pistes forestières des Appalaches. On peut aussi pratiquer les différentes disciplines du ski : le ski de descente dans les grandes stations qui offrent un excellent enneigement, des équipements très sophistiqués et des conditions d'accueil très confortables — ou le ski nordique — qui comprend les courses de fond et le ski de randonnée.

De l'Alaska au Mexique, les plus hautes chaînes forment une longue épine dorsale qui domine la partie ouest du continent et constitue le plus long massif montagneux du monde. Les Rocheuses, au centre, comprennent à elles seules plus d'une centaine de massifs, dont chacun est suffisamment bien délimité pour avoir reçu un nom. A l'est de cette grande ligne, les montagnes du Colorado dominent les plaines du centre, tandis qu'à l'ouest, la chaîne des Cascades et la sierra Nevada, qui bordent la côte du Pacifique, offrent quelques panoramas particulièrement spectaculaires.

Au début du XIXe siècle, la plus grande partie de cette région était encore inexplorée, aussi était-il peu question d'établir un relevé des montagnes ou de les escalader. Les Américains établirent leurs propres traditions en matière d'alpinisme dans le contexte rigoureux des explorations et des relevés topographiques.

Les premiers hommes qui s'attaquèrent aux montagnes d'Amérique du Nord furent les membres de l'armée d'Hernán Cortès qui, en 1519, firent l'ascension du volcan mexicain Popocatepelt, le cinquième sommet du continent (5 452 m). En organisant cette expédition, Cortès cherchait à prouver aux Indiens que les Blancs ne reculaient devant rien; mais il voulait aussi : « découvrir d'où provenait la fumée et comment elle s'élevait dans l'air ». Ils trouvèrent de surcroît de grandes quantités de soufre, qu'ils utilisèrent pour fabriquer de la poudre à canon.

Le premier ascensionniste anglo-saxon du territoire constituant aujourd-

Pages précédentes : *la partie orientale de la magnifique chaîne d'Alaska, vue du nord. Le plus haut sommet est le mont Hayes (4 216 m). Les conditions climatiques qui règnent ici sont parmi les plus exécrables du monde, mais durant le bref été la montagne est parsemée de pavots arctiques.*

d'hui les États-Unis, fut Derby Field. En juin 1642, il se mit en route accompagné de deux Indiens et en dix-huit jours atteignit le sommet du mont Washington (1 916 m) qui fait partie de la Presidential Range (chaîne des Présidents). Cette chaîne et la Franconia Range constituent le massif des White Mountains du New Hampshire. Les Indiens qu'il rencontra au pied de la montagne l'accompagnèrent jusqu'à 12,8 kilomètres du sommet, mais n'osèrent pas s'aventurer au-delà et lui dirent qu'aucun Indien n'avait jamais

osé monter plus haut et qu'il mourrait s'il le faisait.

Il s'agissait là d'une ascension isolée et aucun autre sommet du massif ne fut conquis avant 1820, date à laquelle le major John Weeks gravit les monts Adams, Jefferson et Madison, et en établit le relevé.

Durant les trente premières années du XIXe siècle, des topographes, souvent aidés par les habitants, firent l'ascension des principaux sommets des Appalaches.

novembre, ils firent l'ascension de la montagne connue depuis sous le nom de Pikes Peak, qui s'élève à 4 300 m d'altitude, mais c'est la découverte d'or dans le Colorado, en 1858, qui rendit célèbre le pic Pike et en fit le cri de ralliement des 100 000 immigrants qui partirent vers l'ouest chercher fortune, durant les premiers dix-huit mois de la Ruée vers l'or. En 1889, un train à crémaillère transportait les visiteurs au sommet.

Les chercheurs d'or gravirent au moins six pics, mais les Indiens les avaient précédés.

Le parc national où se trouvent Longs Peak et Front Range fut créé en 1915. Le pic Long est le plus important sommet de la chaîne, des pistes permettent chaque année à des centaines d'excursionnistes d'atteindre le sommet, tandis que la face Est qui domine Chasm Lake, le lac du gouffre, se targue d'offrir l'une des plus célèbres grandes parois verticales, le Diamond, d'une hauteur de 550 m. On fit pour la première fois l'escalade de cette paroi en 1960, elle constitue désormais une classique et se gravit habituellement en deux jours.

Les montagnes du Colorado, élevées, se couvrent de neige de décembre à mai. Les parois rocheuses les plus basses comptent parmi celles qui sont les plus favorables à l'escalade de rocher, notamment le Canyon de l'Eldorado et le Black Canyon de Gunnison, un gouffre long de 32 kilomètres et profond de 610 m. En hiver, l'escalade sur glace commence à se pratiquer sur les chutes gelées.

Plus au nord, les célèbres trois « Tetons » constituaient un point de repère pour les trappeurs dès le début du xixᵉ siècle, mais ce n'est qu'avec l'arrivée des équipes de topographes que l'ascension fut tentée. En 1898 un habitant de la région, William Owen, et son collègue M.B. Dawson, tous deux accompagnés de leurs femmes, réussirent enfin à atteindre le sommet du « Grand Teton » (4 196 m).

Les monts Teton, situés à la frontière du Wyoming et de l'Idaho, sont sans doute les montagnes américaines qui ressemblent le plus aux Alpes. Elles se sont formées à la suite du soulèvement d'un bloc précambrien et ont été façonnées par l'érosion glaciaire, au cours de plusieurs périodes glaciaires. L'époque la plus favorable pour effectuer leur ascension se situe au mois de juillet et au début d'août.

L'ascension d'Owen en 1898, ne fut suivie d'aucune autre tentative pendant une vingtaine d'années, jusqu'à ce que le directeur du parc national de Yellowstone, qui se trouve à proximité, invitât les meilleurs grimpeurs, dans le cadre d'une campagne qui visait à la création du *Grand Teton National Park*. Ce parc,

Ci-dessus : *la vieille ville des chercheurs d'or, Ouray, se niche dans cette jolie vallée du Colorado. Non loin de là, s'élève le pic Uncompahgre (4 362 m); il fait partie des monts San Juan, souvent considérés comme le plus beau massif du Colorado par la grande diversité de leurs formes et de leurs couleurs. Les Rocheuses du Colorado sont la région la plus élevée de cette énorme chaîne, une cinquantaine de pics dépassent 4 300 m et mille dépassent 3 000 m. La région fut explorée par les chercheurs d'or.*

Après l'achat de la Louisiane en 1803, la marche vers l'ouest commença pour de bon. Au cours d'un voyage célèbre, qui devait durer trois ans, Meriwether Lewis et William Clark remontèrent le Missouri et traversèrent les Rocheuses pour atteindre le Pacifique. Ils explorèrent un territoire dont la superficie était presque le double de celle des États-Unis d'alors. Pendant qu'ils accomplissaient cette expédition, le capitaine Zebulon Montgomery Pike conduisit ses pionniers au pied du Front Range. En

créé en 1929, fut par la suite agrandi. En 1931, les pics les plus importants avaient tous été conquis et pendant la décennie suivante les Teton occupèrent le premier rang de l'alpinisme en Amérique; quelque vingt itinéraires d'ascensions furent établis. Ils vont des ascensions les plus faciles jusqu'aux grandes classiques américaines, telle l'arête nord.

Dans le massif des Teton règne la même atmosphère que dans les Alpes européennes, les montagnes sont accessibles et l'alpinisme se pratique dans une zone relativement restreinte et bien connue. Le Grand Teton est le sommet le plus fréquemment gravi en Amérique du Nord et l'élan, l'ours et l'orignal figurent parmi la riche faune que peuvent admirer les visiteurs de cette région attirante.

Chaîne des Cascades

Tandis que les sommets des montagnes Rocheuses étaient vaincus l'un après l'autre et que les ascensions des sommets des Appalaches devenaient presque des excursions pour touristes, les spectaculaires montagnes du Far West, la sierra Nevada et la chaîne des Cascades, retenaient l'attention des explorateurs. En 1792, le capitaine John Vancouver découvrit les principaux sommets de la chaîne des Cascades, mais ce n'est qu'en 1853, que le rédacteur en chef du journal *The Portland Oregonian*, Thomas J. Dryer, et trois de ses amis accomplirent la première ascension de l'un des grands sommets de la chaîne. L'année suivante, Dryer fit l'ascension du mont Hood, haut de 3 421 m. La même année vit la conquête du mont Adams (3 751 m) et du mont Jefferson (3 200 m), mais le mont Baker (3 285 m) demeura invaincu jusqu'en 1868 et le mont Rainier (4 392 m) jusqu'en 1870. Cette dernière montagne, connue des Indiens sous le nom de Tahama, domine de 2 700 m les massifs forestiers qui l'entourent. Il existe quelque quarante itinéraires différents pour atteindre le sommet du mont Rainier, et nombre d'entre eux permettent d'intéressantes ascensions.

Les grandes montagnes de la chaîne des Cascades sont d'origine volcanique, quatre d'entre elles présentent encore des signes d'activité. Les « Cascades du Nord », dans l'état de Washington, ne sont pas d'origine volcanique, deux d'entre elles seulement dépassent 2 750 m. On peut pratiquer sur ces montagnes un alpinisme d'une qualité exceptionnelle, mais les conditions météorologiques sont notoirement exécrables et peu d'alpinistes ont tenté des ascensions importantes durant les mois d'hiver. Les chutes de neige sont abondantes et l'industrie du ski se développe.

Sierra Nevada

L'un des plus célèbres pionniers de l'alpinisme en Amérique, Clarence King, explorait la sierra Nevada avant que le dernier sommet des Cascades n'eût été vaincu. S'étendant au sud des Cascades, les sierras offrent des panoramas qui sont parmi les plus beaux d'Amérique. De nos jours, la plus grande partie de la chaîne, longue de 640 kilomètres, se trouve comprise entre les trois grands parcs nationaux : le parc Séquoia, le parc Kings Canon et le célèbre parc Yosemite. King se joignit à l'équipe de topographes du professeur William H. Brewer et en 1884, ils se mirent en route pour étudier la partie sud, encore inexplorée, des sierras. Ils campèrent à Big Meadows au début du mois de juin, et Brewer fit l'ascension du sommet qui dominait le camp.

Il n'est pas surprenant qu'il fût autant enthousiasmé, car il s'attendait à ne trouver à l'est qu'un désert. Le matin suivant, King se mit en route, accompagné de Richard Cotter, ils emportaient des provisions pour une semaine. Du sommet de l'arête qui portait déjà le nom de mont Brewer, ils découvrirent à l'est un cañon de 1 500 m.

« De l'autre côté, dressé contre le ciel, accumulant rocher sur rocher, précipice sur précipice, à-pic sur à-pic, se dressait la plus gigantesque paroi rocheuse d'Amérique, qui se terminait par un majestueux amoncellement d'ogives, qui semblait comme émaillé de neige ».

Ils se mirent en route dans ce monde étonnant et le troisième jour vers midi, ils atteignirent le sommet sur lequel King trouva une flèche indienne. « Je fis résonner mon marteau sur le rocher le plus élevé, nous nous serrâmes la main et je baptisai solennellement le grand pic, mont Tyndall » — en l'honneur de John Tyndall dont le livre, *Glaciers of the Alps*, avait tellement influencé King. C'est alors que King et Cotter aperçurent un autre sommet encore plus haut,

qui se trouvait à une distance d'une dizaine de kilomètres sur l'arête rocheuse. » Un casque de granit aux contours très nets qui dressait face au désert un à-pic escarpé ». Ils décernèrent à ce sommet le nom de mont Whitney en l'honneur de leur chef, le professeur Josiah Dwight Whitney, du service topographique de Californie. Par la suite on établit qu'il avait 4 417 m de haut et que c'était donc le sommet le plus élevé des États-Unis, si l'on excepte les chaînes de l'Alaska.

La sierra Nevada constituait le dernier grand obstacle dans la traversée du continent, car dans sa partie la plus méridionale elle présente de nombreux pics qui dépassent 4 000 m, et onze qui dépassent 4 300 m. Ces sommets découpés dominent des centaines de petits lacs et des prairies célèbres pour leur floraison printannière. De grandes plaques de granit blanc confèrent une qualité spéciale à la lumière.

En dépit de l'importance des chutes de neige durant l'hiver, la régularité des conditions météorologiques et la multiplicité des pics font de cette région l'une des plus propices à l'alpinisme, quelque soit le niveau des pratiquants. Le réseau d'itinéraires est excellent et l'hiver la région offre d'excellentes conditions pour la pratique du ski de randonnée et l'ascension d'hiver. La faune comprend le lion de montagne, l'ours noir et le mouton sauvage.

En haut : *un ours noir d'Amérique examine une hutte de castors au Wyoming. Il existe en Amérique plusieurs races d'ours très proches, comme le grizzly et l'énorme ours brun du Grand Nord. L'ours noir, plus petit, est commun dans les zones forestières des parcs.*

Ci-dessus à gauche : *un bélier Bighorn, ou bélier des Rocheuses, surveille son domaine. C'est la seule espèce de mouton sauvage qui existe en Amérique du Nord. Il se déplace par bonds rapides, car les coussinets de ses pattes absorbent les chocs.*

Yosemite National Park

En 1863, l'année même où Clarence King fit sa première incursion dans les hautes sierras, la vallée du Yosemite, qui s'étend à 177 kilomètres au nord, avait vu sa réputation grandir si rapidement que le Congrès dut se hâter de promulguer une loi, afin d'empêcher son exploitation. La commission constituée à cet effet avait besoin d'un relevé topographique de la région. On demanda au professeur Brewer de désigner quelqu'un pour accomplir cette mission. Il choisit Clarence King et celui-ci se rendit dans la vallée à l'automne. Il fut immédiatement frappé par l'intérêt géologique de cette vallée de 11 kilomètres, de même que John Muir, le pionnier américain des amoureux de la montagne qui fut à l'origine de la création des parcs nationaux, fut émerveillé par sa beauté « trop suave pour se défendre contre les attaques de l'homme ».

King et ses compagnons firent l'ascension des principaux sommets, à l'exception du Half Dome que King dépeignit ainsi : « une crête de granit qui s'élève à 1 332 m au-dessus de la vallée, parfaitement inaccessible, probablement le seul sommet du Yosemite que n'ont jamais foulé et ne fouleront jamais des pieds humains ».

Ce n'est que dix ans plus tard que James Hutchings commença ses tentati-

En haut : *à l'origine, on trouvait ces gros chats, également appelés couguars ou pumas, de l'Alaska jusqu'au Cap Horn. Ils vivent la nuit et attrapent leurs proies par surprise. Actuellement ils ne survivent que dans les réserves et les parcs nationaux.*

Ci-dessus : *la chèvre d'Amérique du Nord, ou chèvre des Rocheuses, est le seul ruminant qui conserve ses longs poils blancs tout au long de l'année. Elle vit sur les pentes escarpées, bien au-dessus de la zone boisée des montagnes du nord-ouest.*

Ci-dessus : *le « nez » d'El Capitan domine la vallée de Yosemite. A l'horizon se dressent les Monts Watkins et le célèbre Half Dome. A l'arrière-plan, à droite, Cathedral Rocks près des célèbres chutes de Bridal Veil (le voile de la mariée). C'est ici, qu'en l'absence de risques d'avalanches et grâce à la régularité des conditions météorologiques l'on a mis au point les théories et les techniques d'attaque qui devaient influencer l'alpinisme à travers le monde entier. Les pitons à expansion, les cornières et les petits pitons-couteaux en chrome-molybdène furent inventés et fabriqués pour répondre aux conditions particulières de Yosemite. Après l'ascension du* Wall of Early Morning Light *(le mur de la lumière de l'aube) effectuée en 1970 par Warren Harding, au cours de laquelle il fit 26 bivouacs consécutifs et plaça 300 pitons à expansion, il se produisit une certaine réaction contre l'utilisation de tels supports techniques, et la varappe libre est à nouveau en vogue. L'escalade dans le Yosemite conserve son pouvoir d'attraction tant auprès des touristes que des grimpeurs, bien qu'elle procure peu de satisfactions réelles.*

A gauche : *la terrifiante paroi de 900 m d'El Capitan domine la vallée inférieure du Yosemite en Californie. La première d'« El Cap », en 1958, demanda 47 jours répartis sur 17 mois et nécessita des tactiques de siège et l'emploi presque continu de matériel. De nos jours, les équipes attendent souvent leur tour pour se mesurer aux vingt et quelque itinéraires que compte la paroi. On effectue une grande partie du parcours en escalade libre.*

ves d'ascension du Half Dome, par la suite il en fit la description dans une étude sur le Yosemite qui est devenue classique, *In the Heart of the Sierras.* Puis en 1875, survint Georges G. Anderson, un Écossais qui n'admettait pas de s'avouer vaincu, fut-ce par le Half Dome. Il essaya tout d'abord de marcher en chaussures, puis en chaussettes, puis pieds nus, puis les pieds entourés de chiffons, et finalement il les recouvrit de résine provenant des pins. Tel un personnage de dessin animé, il adhérait bien au granit lisse du dôme, mais selon Hutchings « une nouvelle difficulté se présenta, car il dut fournir un effort considérable pour réussir à décoller ses pieds du sol... ». Enfin, Anderson se munit d'une perceuse et d'un marteau, ainsi que de quelques pitons, et perça un trou dans le rocher. Dans ce trou, il introduisit une cheville en bois, puis un piton, et après avoir fixé une corde au piton il se hissa jusqu'à ce qu'il pût tenir debout et continua de la même façon jusqu'à ce qu'il eût atteint le sommet, distant de 297 m. D'autres le suivirent bientôt. C'est en cet endroit, vers 1930, que naquit réellement la technique de l'escalade. On mit au point des doctrines et des méthodes qui influencèrent profondément l'alpinisme à travers le monde.

« La Vallée », comme on appelle souvent le parc Yosemite, fut creusée dans les pentes granitiques des sierras par l'eau et la glace. De hautes et magnifiques chutes d'eau tombent en cascade le long des parois. Le granit est lisse et compact, et l'escalade est en général longue et difficile. Le superbe promon-

toire d'El Capitan, haut de 885 m, domine la partie basse de la vallée.

Il existe plus de vingt itinéraires sur la paroi. C'est pour être en mesure de les affronter, ainsi que tous ceux du Yosemite, que du matériel spécial — petits pitons, couteaux en chrome-molybdène — fut mis au point par des hommes tels que l'ancien forgeron John Salathe, émigré d'origine suisse. De nouveaux éléments firent leur apparition dans le matériel : pitons-cornières, pitons en Z, pitons à expansion et cordes en nylon. Ce matériel fut bientôt utilisé dans le monde entier, avec plus ou moins d'enthousiasme. Il se produisit par la suite une réaction contre l'utilisation abusive de ces aides techniques et de nombreuses voies ouvertes grâce à l'utilisation de ce matériel sont maintenant empruntées sans y faire appel.

Cette réaction atteignit son point culminant vers 1970, notamment sous l'influence d'Yvon Chouinard, lui-même inventeur de nombreux éléments. Chouinard entama une campagne pour inciter les grimpeurs à laisser les parois telles qu'ils les avaient trouvées. A la suite de l'ascension épique de Warren Harding, en 1970, qui mit vingt-sept jours et fit vingt-six bivouacs pour gravir le *Wall of Early Morning Light* (mur de la lumière de l'aube) sur El Capitan, en plaçant trois cents pitons à expansion, Chouinard écrivit alors dans *Ascent* :

« De même que l'homme continue à rompre l'équilibre naturel des choses, de même l'alpinisme devient de plus en plus technique, de moins en moins audacieux. On trouve trop de monde sur les montagnes, on y rencontre de moins en moins souvent l'aventure. L'authenticité, le risque, qui sont l'essence même de ce sport, se modifient rapidement. »

« Je me suis consacré avec passion à l'alpinisme pendant dix-sept ans, j'exerce un métier directement lié à l'alpinisme et à ses problèmes, je me sens donc la lourde responsabilité de faire connaître les craintes que j'éprouve en ce qui concerne l'avenir. »

« Je crois que nous avons atteint un point où le seul espoir qui reste réside dans l'abandon total des pitons à expansion. Nous devons nous refuser à reconnaître l'escalade artificielle comme une méthode régulière. »

« Nous entrons dans une nouvelle ère de l'alpinisme, une ère qui se caractérisera peut-être par d'incroyables progrès dans le domaine de l'équipement, par la victoire remportée sur des difficultés majeures grâce aux miracles d'une technologie avancée, et par une conception plus vile de la montagne, bien qu'elle soit démocratique. »

« Ou au contraire cette nouvelle ère pourrait-elle marquer l'avènement d'une conception plus haute de l'alpinisme, où nous nous attaquerions aux montagnes avec moins de matériel mais plus de conscience, d'expérience et de courage ? »

La tendance s'inversa en quelques années et l'alpinisme libre de haut niveau est désormais en faveur auprès de nombreux alpinistes. Depuis 1970, on revient à la conception si chère aux grimpeurs de la première époque, à savoir que les lauriers ne doivent pas aller à ceux qui atteignent le sommet les premiers, mais à ceux qui accomplissent cet exploit d'une façon correcte.

La règle selon laquelle les pitons doivent être retirés après usage, a néanmoins causé de terribles dégâts à certaines fissures fines et ceci a conduit à l'utilisation de « coinceurs », que l'on introduit dans des fissures élargies comme des sortes de cales. Ils ne laissent presque pas de trace une fois enlevés et sont maintenant d'un usage courant.

Si le Yosemite est célèbre parce qu'il offre le fin du fin en matière d'alpinisme, il a également permis d'attirer l'attention du public sur l'exceptionnelle beauté de la région. John Muir célébra le premier cette vallée, de nombreux écrivains le firent après lui et d'innombrables photographes tentèrent d'en saisir le charme.

La concession de la vallée du Yosemite à la Californie « pour l'usage permanent du public comme lieu de séjour et de distraction » marque les débuts du service des parcs nationaux. A cause même de l'intérêt qu'il suscite auprès d'un public varié, du naturaliste au grimpeur, il pose le problème auquel se trouvent confrontés tous les responsa-

bles de parcs naturels à travers le monde, à savoir comment tirer le meilleur parti possible d'un site sans en détruire la beauté ; ce problème s'avère particulièrement difficile à résoudre dans un pays où la liberté individuelle est si scrupuleusement respectée.

Le Grand Nord

A la fin du XIXe siècle, on avait non seulement exploré la plupart des montagnes d'Amérique du Nord, mais aussi établi leur relevé et fait l'ascension des principaux sommets. Seule la région située à l'extrême nord-ouest du pays restait encore à explorer, or cette région possède quelques-uns des plus beaux sommets du monde.

A l'extrémité nord-ouest de la grande chaîne montagneuse américaine se trouvent les monts Saint-Élise, Fairweather et Wrangell et, encore plus au nord, la chaîne d'Alaska, dominée par le colossal mont McKinley, (6 194 m), le plus haut sommet d'Amérique du Nord.

D'Anchorage, 322 kilomètres plus au sud, au bord du golfe de Cook, on découvre à l'horizon la crête enneigée du massif. En 1794, Georges Vancou-

A gauche : un piton à expansion en haut. Le grimpeur creuse un trou dans la roche compacte, dépourvue de fissure, introduit un piton à expansion muni d'une plaquette en équerre et le visse à fond. Le grimpeur fixe un mousqueton à lame et prend appui sur ce support grâce à des sangles, des crochets ou des étriers. Sur une roche franche, cette technique permet de franchir des passages en surplomb ou des parois verticales qui ne présentent aucune prise. On évite autant que possible d'utiliser les pitons à expansion, d'une part à cause du travail que cela représente, mais aussi parce que de nombreux alpinistes trouvent que c'est « immoral ».

A gauche en bas : le coinceur est maintenant d'usage courant. De nombreuses fissures ont été abîmées par l'introduction à force des pitons, en partie à cause de la règle qui veut que l'on retire les pitons après usage. Les coinceurs n'abîment pas les fissures et sont actuellement très en vogue, mais eux aussi sont rejetés par les fervents de la varappe libre.

A droite : la première de Lost Arrow Spire (l'aiguille de la flèche perdue), près des chutes du Yosemite, fut réalisée en 1947 par A. Nelson et le forgeron suisse John Salathe, au cours d'une ascension épique qui dura 5 jours d'affilée. Salathe inventa les pitons en acier dur spécial, qui permirent d'effectuer cette ascension.

ver, l'un des officiers du capitaine Cook, remontant à la voile le golfe, décrivit des « montagnes étonnantes couvertes de neige et apparemment séparées les unes des autres. » Il s'agissait des montagnes de la chaîne d'Alaska qui forment un arc long de plus de 645 kilomètres, autour de l'arrière-pays du golfe d'Alaska. Si le mont McKinley culmine à 6 194 m, une vingtaine seulement d'autres sommets dépassent 3 000 m. Ce massif est à lui seul un résumé des plus mauvaises conditions atmosphériques possibles ; il compte des arêtes, des parois verticales immenses et des aiguilles couvertes de neige. Le sommet le plus important et le plus élevé, le mont McKinley, est appelé par les Indiens « Le Grand » ou « La Maison du Soleil ». Il pose des problèmes particuliers à l'alpiniste, car c'est au monde le pic qui présente la plus grande dénivellation entre la base et le sommet.

Ce mont McKiney est comparable à l'Himalaya et les effets dus à la haute altitude y semblent particulièrement marqués. Sa première ascension représente l'un des plus remarquables exploits de l'alpinisme. Elle fut réalisée en 1910, par une équipe de vieux prospecteurs d'or d'Alaska ; ils ne possédaient aucune

Pages précédentes : *l'une des plus grandioses montagnes d'Amérique, le mont Huntington (3 731 m), se dresse à 11 kilomètres au sud du mont McKinley. Cette pyramide de roc et de glace finement cannelée fut vaincue pour la première fois en 1964 par une équipe française qui emprunta l'arête nord-ouest, celle qui se trouve au premier plan. La face ouest, à droite, fut vaincue en 1965 et on voit à gauche, à l'ombre de l'arête aux multiples corniches, la face nord dont l'escalade fut effectuée en 1978, en style alpin, par une équipe de deux hommes. Très loin à l'horizon, le glacier Tokositna, bizarrement zébré, serpente vers le golfe de Cook. C'est de ce golfe que le capitaine Georges Vancouver découvrit pour la première fois la chaîne d'Alaska, en 1794.*

A gauche : *le mont Assiniboine (3 618 m), le « Cervin » des Rocheuses, se reflète dans les eaux tranquilles du lac Magog. Comme la plus grande partie des Rocheuses canadiennes, il est composé de roches sédimentaires qui ont été soulevées, puis ont subi plusieurs glaciations, ce qui explique les stratifications caractéristiques de ce massif. Il existe plusieurs itinéraires sur le mont Assiniboine, l'itinéraire classique empruntant l'arête nord couverte de glace; la première eut lieu en 1901. L'élan, l'ours, la chèvre sauvage, le caribou et le loup abondent dans cette partie des Rocheuses.*

A droite : *poudreuse profonde, brillant soleil et longues pentes, au Colorado — tout ce dont rêvent les skieurs et qui assure la célébrité de ces montagnes à travers le monde entier. Comme les vents qui viennent du Pacifique provoquent des chutes de neige importantes et régulières, la grande chaîne américaine possède des pistes de ski qui répondent à tous les goûts et à tous les styles, dans l'un des plus beaux paysages du monde. De nombreux équipements, tels que les remonte-pentes et les engins de dammage qui ont fait du ski moderne ce qu'il est devenu, furent inventés dans cette région : en plus de ses stations sophistiquées, l'Amérique du Nord propose de remarquables terrains pour la pratique du ski de fond et du ski de randonnée.*

expérience technique de l'escalade, mais leur travail les avait habitués à effectuer de grands trajets sur la neige et la glace. Ils réussirent à atteindre le pic nord, en traînant avec eux une hampe de drapeau longue de 4,20 m. Leur récit fut écouté avec circonspection, d'autant plus qu'il venait après que la « première » eût été revendiquée par l'éminent explorateur Frederik Cook, en 1909. Cependant en 1913, une nouvelle expédition s'attaqua à la montagne par le même itinéraire du glacier Muldrow et atteignit le pic sud, sensiblement plus accessible. Ils aperçurent à 3 kilomètres de là, sur le pic nord, un drapeau américain de fortune qui flottait au vent. Le bruit se répandit par la suite, que les prospecteurs d'or avaient atteint le col entre les deux pics et qu'ils avaient alors mal choisi le sommet à gravir, mais celui-ci n'avait cependant que 91 m de moins que l'autre.

Bradford Washburn, dont le nom est étroitement associé à celui du McKinley, puisqu'il effectua la troisième ascension en 1942, écrivit : « Cette ascension présente un curieux paradoxe. Dans certaines conditions elle peut être étonnamment facile, tandis que dans d'autres elle sera extrêmement difficile... même le groupe le plus entraîné se verra dans l'obligation de mettre un mois ou davantage, par la voie la plus facile ».

En dépit de ces circonstances, les itinéraires faciles connaissent un grand succès auprès du public, qui les emprunte sous la conduite de guide. Les responsables du parc ont estimé à 225 le nombre de personnes qui graviront le contrefort ouest en 1976. Une douzaine d'autres voies ont été reconnues, y compris celle de la magnifique face sud.

Le mont Huntington, que beaucoup considèrent comme la plus belle montagne d'Amérique, se trouve à 12 kilomètres au sud du McKinley.

Ces montagnes arctiques sont presque inaccessibles, si ce n'est par avion, et elles sont régulièrement sous-estimées par les alpinistes qui les connaissent peu.

La première ascension d'un pic important dans l'ouest de l'Alaska fut réalisée par le célèbre duc des Abruzzes, un Italien qui, en 1897, réussit l'ascension du mont Saint-Élie, situé au sud-ouest de Yukon et longtemps considéré comme la plus haute montagne d'Amérique du Nord. L'approche du mont Saint-Élie nécessitait un difficile débarquement sur la côte, suivi d'une traversée de style polaire des grands glaciers Seward et Newton, avant d'affronter l'ascension elle-même, qui est de style himalayen. Les conditions étaient idéales. Parvenus à 5 000 m d'altitude, ils firent une halte pour prendre le petit déjeuner, et admirèrent l'énorme masse du mont Logan, qui brillait au soleil. Certains alpinistes éprouvaient déjà des difficultés à respirer, mais ils parvinrent tous les dix au sommet, qui culmine à 5 489 m au-dessus du niveau de la mer.

Le mont Logan est le sommet le plus élevé de cette région, et ses 6 050 m en font la montagne la plus élevée du Canada et la seconde montagne d'Amérique du Nord. On en fit l'ascension pour la première fois en 1925. On ne refit l'ascension du mont Saint-Élie que quarante-neuf ans plus tard. Le mauvais temps continuel fait de cette montagne l'une des plus difficiles du continent nord-américain, et peu d'expéditions en réussissent l'ascension. De nombreux pics secondaires n'ont encore jamais été escaladés et seuls quelques-uns des principaux l'ont été deux fois.

Au sud se trouvent les montagnes Saint-Élie, ainsi que le cap Fairweather que le capitaine Cook nomma ainsi, car à l'époque lui et ses hommes venaient d'essuyer une tempête qui avait duré cinq jours. Pour établir la carte de la côte et de l'arrière-pays « nous eûmes un temps superbe, les brises étaient si faibles que nous avancions très lentement le long du rivage » écrivit l'un de ses officiers. Le nom de *Fairweather* (beau temps) sembla une plaisanterie à ceux qui vinrent par la suite, car la région est dotée du climat le plus détestable qui soit. Ces montagnes jeunes sont sujettes aux tremblements de terre. Le massif est dominé par le mont

Fairweather, dont la première ascension eut lieu en 1931 et ne fut pas renouvelée avant vingt-sept ans. De nos jours, il existe cinq itinéraires.

Au nord des montagnes Saint-Élie, se trouvent les monts Wrangell, les « joyaux de l'Alaska ». Ce sont des montagnes volcaniques encore en activité, qui offrent les sommets les plus faciles à gravir de la région.

Les Rocheuses du Canada

S'étirant vers le nord-ouest, après la frontière américaine, les Rocheuses canadiennes forment un mur presque continu de 720 kilomètres. Ces montagnes, particulièrement escarpées et spectaculaires, sont constituées de roches sédimentaires qui ont été soulevées, de roches calcaires et argileuses qui ont subi d'importantes glaciations et conservent encore d'importantes quantités de glace. Elles forment de lourdes tours et des arêtes déchiquetées, et sont presque toujours bien stratifiées.

Plus de cinquante sommets dépassent 3 350 m, et lorsqu'on avance en direction de l'ouest, on a le soufle coupé en les découvrant. Des centaines de pics se dressent à l'horizon, comme les dents d'une scie étincelante. De nombreux et

Ci-dessus : *l'alpiniste Bill March en pleine action sur la cascade du glacier Bugaboo. Ce glacier se trouve dans le massif Purcell, au sud-est de la Colombie britannique. De saisissantes aiguilles de granit se dressent au-dessus du glacier et offrent des possibilités d'escalade qui comptent parmi les plus intéressantes d'Amérique du Nord. Les trois principaux sommets sont le pic Bugaboo, le pic Snowpatch, et le pic Howser. Le pic Snowpatch (3 063 m) fut finalement vaincu en 1940 par l'arête sud, après de nombreuses tentatives.*

A droite : *ces alpinistes s'attaquent au redoutable Diamond sur la face est (550 m) du pic Long dans le Front Range. Cette face qui se dresse au-dessus des eaux sombres de Chasm Lake est l'un des « grands murs » les plus célèbres d'Amérique, et son ascension en varappe libre demande deux jours. Les Indiens gravissaient cette montagne bien avant l'arrivée des Européens. On dit qu'« Old Man Gun » chassait les aigles pour leurs plumes sur cet énorme sommet de 4 345 m.*

magnifiques lacs se nichent entre les montagnes. La faune, extrêmement abondante, comprend des ours gris, des loups et des orignaux, ainsi que d'importuns moustiques. C'est une région superbe, mais presque inaccessible. Les premiers grimpeurs furent aidés par le Canadian Pacific Railway et les premières ascensions eurent lieu au début du siècle.

Le mont Robson culmine à 3 954 m. Après six années de vaines tentatives, cette montagne fut finalement vaincue en 1913 par Conrad Kain. Il emprunta la voie de la face connue désormais sous le nom de face Kain et cette ascension est devenue une classique. La voie normale se trouve sur la face sud et possède un refuge. On fait aussi l'ascension de la superbe face nord aux parois verglacées, hautes de 800 m, et de la célèbre *Emperor Ridge* (arête de l'empereur). Cette paroi de glace de 1 524 m fut gravie pour la première fois en 1978.

Le mont Assiniboine, souvent appelé le « Cervin des Rocheuses » s'élève à 3 618 m au-dessus des prairies qui entourent le lac Magog.

Les approches sont longues et difficiles, excepté dans les zones qui ont été mises en valeur comme le *Columbia Ice-Field* (champ de glace de Colombie) où l'on peut également pratiquer le ski. Il est encore possible de réaliser des premières.

Le ski nordique prend une extension considérable au Canada et, bien que le nombre de ses adeptes n'atteigne pas encore un million, le pays offre des conditions exceptionnelles pour la pratique de ce sport, dans un environnement d'une incomparable beauté. Le ski de randonnée trouve ici des possibilités presque illimitées. En effet si ce pays propose d'excellentes pistes pour pratiquer la course de fond, il est surtout le domaine rêvé du randonneur aventureux, du skieur-alpiniste et de l'amateur de solitude. Dans les montagnes des Bugaboos et des Cariboos, on a aménagé des stations accessibles seulement par hélicoptère, dans l'immensité sauvage et inviolée des montagnes et des glaciers.

Depuis la Seconde Guerre mondiale, les montagnes de l'Arctique, au Groenland et dans la Terre de Baffin, sont devenues des centres d'alpinisme intéressants.

Si la saison des ascensions est brève, les conditions météorologiques sont relativement stables durant l'été et il fait constamment jour. Comme c'est le cas pour tous les pays lointains, l'alpinisme n'est devenu possible ici que grâce au développement des voyages par avion.

Au Groenland, des montagnes entourent l'immense calotte glaciaire et certaines d'entre elles dépassent 3 700 m.

Ci-dessus : ces alpinistes s'approchent en traîneau d'Ingolsfjeld, sur la côte est du Groenland, au printemps. Depuis la première reconnaissance, en 1968, cette dent rocheuse de 2 232 m a attiré un certain nombre d'expéditions. Les difficultés d'accès et la brièveté de la saison d'escalade écartèrent les alpinistes du Groenland, jusqu'à ce que les voyages aériens rendissent les choses un peu plus faciles. La région demeure encore difficile à atteindre, mais les jours de vingt-quatre heures et le temps stable de l'été compensent en partie cet inconvénient.

A droite : l'alpiniste-photographe John Cleare, à cheval sur l'arête ouest du Pigeon, sur le pic Purcell dans les Bugaboos, non loin de la cascade de glace de la page 50. Les Bugaboos sont les montagnes les plus connues de la Colombie britannique, peut-être parce que les sommets sont facilement accessibles. Elles soutiennent la comparaison avec les plus belles montagnes d'Europe et offrent également de superbes conditions pour la pratique du ski et des randonnées pédestres.

AMÉRIQUE DU SUD

A l'ouest du continent sud-américain, qu'elle divise géographiquement et politiquement, la Cordillère des Andes décrit une courbe de 8 045 kilomètres, qui commence au nord de l'équateur et se termine au cap Horn. Les Andes présentent une grande variété de types de montagnes et elles sont souvent considérées comme la plus belle chaîne montagneuse du monde.

Les sommets des Andes suivent une ligne parallèle à la côte ouest, dont ils s'écartent rarement de plus de 160 kilomètres, tandis qu'à l'est les glaciers alimentent les grands fleuves d'Amérique du Sud, dont les plus grands sont l'Orénoque, l'Amazone, et les rios Uruguay, Paraña et Paraguay, qui se réunissent dans le Rio de la Plata pour se jeter dans l'Atlantique.

Tout au long de cette immense chaîne, on découvre des vestiges de civilisations indiennes très anciennes, comme celle des Incas. Parmi les ruines les plus impressionnantes se trouvent celles de Machu Picchu, ville pré-colombienne située à 3 000 m d'altitude sur la cordillère Vilcabamba, au-dessus du cañon du rio Urubamba. Hiram Bingham fut le premier à s'y rendre, en 1911. Au Pérou, les descendants des Incas vivent à une altitude très élevée, jusqu'à 4 800 m, et mènent une vie précaire, tirant une maigre subsistance de leurs champs de pommes de terre et de leurs troupeaux de lamas.

Comme la plupart des grands sommets des Andes sont visibles des villes qui se trouvent sur la côte du Pacifique, on n'eut pas à les découvrir, comme ce fut le cas pour les montagnes d'Amérique du Nord. Cependant, ainsi que les sommets d'Europe, ils constituaient seulement un arrière-plan superbe et étaient aussi peu explorés que les glaciers du mont Blanc. En 1802, le célèbre géographe allemand Alexander von Humboldt effectua quelques tentatives

Pages précédentes : les extraordinaires « ailerons de requin » des aiguilles du Fitzroy, sur le rebord de la calotte glaciaire de Patagonie. Il tient son nom de Edward A. Fitzroy, capitaine de frégate de Charles Darwin lors de sa célèbre expédition sur le Beagle. Ces sommets en diorite sont mondialement connus et doivent leur réputation aux escalades de parois verticales rendues plus difficiles encore par la présence de glace. L'aiguille du Cerro Torre, à gauche, fut vaincue en 1974 par l'équipe de Casimiro Ferrari. Le Fitzroy (3 376 m) à droite, est le sommet le plus élevé. Son ascension, en 1952, par Lionel Terray et Guido Magnone, marqua un jalon dans l'histoire de l'alpinisme.

sur le Chimborazo (Équateur), haut de 6 257 m, autrefois considéré comme la montagne la plus élevée du monde et sur le Cotopaxi (Équateur aussi), le plus haut volcan en activité avec ses 5 896 m. Il ne réussit pas et ce ne fut qu'en 1872 que le sommet du Cotopaxi fut vaincu par Wilhem Reid.

En 1880, Whymper, devenu célèbre pour avoir vaincu le Cervin en 1865, effectua les premières ascensions importantes de la cordillère des Andes, en compagnie de son ancien rival du Cervin, le guide italien Jean-Antoine Carrel. Ils s'attaquèrent d'abord au Chimborazo et lorsqu'ils parvinrent à 6 095 m, la victoire leur parut possible.

« Mais à ce moment-là, » écrivit Whymper, « les conditions se modifièrent totalement. Le ciel se couvrit, le

vent se leva et nous nous engageâmes dans une zone couverte de neige poudreuse que nous ne pouvions traverser selon la méthode habituelle. L'homme qui se trouvait en tête s'y enfonça jusqu'au cou, disparaissant presque à nos regards, et il fallut que ceux qui le suivaient le tirassent de là... nous nous rendîmes compte que la seule façon de procéder était de tasser la neige le plus possible et ensuite d'avancer à quatre pattes; et même alors il arrivait fréquemment que l'un ou l'autre d'entre nous fût submergé et disparût presque complètement. »

Ils s'acharnèrent ainsi pendant trois heures et finalement, ils purent enfin se tenir sur le sommet ouest. C'était le plus bas des deux.

« Il n'y avait pas d'autre solution, il

fallait redescendre vers le plateau, recommencer à s'ébrouer, à patauger, à barboter et à se frayer un chemin vers le point le plus élevé et là, lorsque nous fûmes sur le dôme, la neige redevint suffisamment dure et nous parvînmes au sommet du Chimborazo en nous tenant debout comme des hommes, au lieu de nous traîner comme des bêtes, ainsi que nous l'avions fait pendant les heures précédentes ».

Stimulé sans doute par le succès de Whymper, un alpiniste allemand, du nom de Paul Gussfeldt, tenta l'ascension de l'Aconcagua (Chili) qui, avec ses 7 377 m est la plus haute montagne d'Amérique du Sud et même de l'hémisphère occidental. Il ne put réussir à cause des effets conjugués de l'altitude et des mauvaises conditions atmosphéri-

ques, mais en 1897, Edward A. Fitzgerald fit son apparition, accompagné d'une équipe de guides alpins. Fitzgerald, héritier d'une grande fortune, constituait un cas, même dans le monde des alpinistes. Le philosophe Bertrand Russell, qui avait effectué des ascensions avec lui en Europe, écrivait à son sujet :

« Il avait été élevé en Amérique, mais se montrait extrêmement sophistiqué. Il était paresseux et apathique, mais faisait preuve de remarquables dispositions en différents domaines, notamment en mathématiques. Il était capable de donner l'année de n'importe quel vin ou cigare réputés. Il pouvait manger une cuillerée de moutarde assaisonnée de poivre de Cayenne. C'était un habitué de tous les mauvais lieux d'Europe. Il possédait des connaissances approfon-

dies en littérature et durant ses années d'études à Cambridge, il s'était constitué une remarquable collection d'éditions originales. »

Fitzgerald effectua quatre tentatives consécutives sur l'Aconcagua et échoua. Il souffrit terriblement des effets du « mal des hauteurs », d'une alimentation mal adaptée et du froid intense. Lors de la troisième tentative, Matthias Zurbriggen, le guide en chef, parvint au sommet. Fitzgerald écrivit :

« Il serait superflu de parler de ma déception, mais le but de mon expédition était de conquérir l'Aconcagua, j'envoyai donc Zurbriggen afin qu'il menât à bien l'ascension. Trois quarts d'heure après son départ, je l'aperçus à 120 mètres environ au-dessus de moi, traversant la paroi en direction du col qui se trouve entre les deux sommets. C'est alors que pour la première fois je fus envahi par l'amertume d'être laissé en arrière, si près de parvenir au sommet de la grande montagne qui depuis si longtemps occupait mes pensées, mes conversations et mes travaux... Je me levai et tentai de repartir une fois de plus, mais je ne pus effectuer que deux ou trois pas et dus m'arrêter, haletant, partagé entre les efforts que je faisais pour respirer et de terribles nausées. »

En 1954, une équipe d'alpiniste français conduite par René Ferlet et Guy Poulet effectua la première ascension de la face sud de l'Aconcagua, accomplissant alors l'un des plus grands exploits dans l'histoire de l'alpinisme de la cordillère des Andes.

En haut : *des marchands et leurs ânes empruntent ce chemin pierreux au flanc du Huascaran, dans la* Cordillera Blanca, *au Pérou. Soixante-dix sommets atteignent 5 500 m environ et onze dépassent 6 000 m. Ces montagnes et ces glaciers sont les plus hauts des tropiques et leurs parois de glace cannelées ont acquis une réputation sinistre. En 1962, six mille personnes furent tuées lors de l'effondrement d'un glacier sur le flanc nord du Huascaran, et au moment du tremblement de terre de 1970 des avalanches détruisirent plusieurs villages et tuèrent des milliers d'habitants, ainsi que quinze membres d'une expédition tchèque et un alpiniste chilien qui tentaient l'ascension du sommet.*
Le magnifique Nevado Huascaran Sur, à droite, est le plus haut sommet du massif, avec ses 6 769 m.

Ci-dessus : *les terrifiantes faces est des pics de Paine, en Patagonie. De gauche à droite on voit les pics sud, centre et nord.*

Les Andes Péruviennes

Aux yeux des alpinistes, les Andes péruviennes constituent la partie la plus attirante de la chaîne, parce qu'elles sont accessibles et aussi parce qu'elles possèdent de magnifiques sommets. Les chaînes, ou cordillères, s'élèvent de façon abrupte au-dessus de la côte, tantôt orientées nord-ouest, tantôt sud-est, formant un enchevêtrement de massifs qui s'interpénètrent. La *Cordillera Blanca* se trouve au nord de Lima, suivie de près par la *Cordillera Huayhuash*. Au sud, elles s'abaissent brusquement pour former plusieurs chaînes plus petites, qui s'étendent sur une distance de 320 kilomètres environ, et dans lesquelles le mont Nevado Huagaruancha culmine à 5 729 m. Encore plus au sud, une deuxième chaîne de montagnes s'élève parallèlement à la cordillère occidentale, il s'agit de la *Cordillera Vilcabamba*. Sur l'*Altiplano* (haut plateau) situé entre ces cordillères et la cordillère occidentale se trouve le lac Titicaca qui, avec son altitude de 3 811 m, est, parmi les grands lacs, le plus haut du monde.

Le temps est moins stable dans les chaînes orientales que dans les chaînes occidentales, car au Pérou le temps vient de l'est et passe par la jungle d'Amazonie. Les montagnes des Andes péruviennes sont principalement de hauts sommets de granit, qui s'élèvent au-dessus de plateaux parsemés de fleurs sauvages au printemps et sur lesquels s'éparpillent plusieurs petits lacs. Tous les hauts sommets sont couverts de glace et les avalanches de neige glacée constituent une caractéristique de la région, ainsi que les tremblements de terre.

Dans la *Cordillera Blanca*, plus de soixante-dix sommets atteignent 5 400 m et onze d'entre eux dépassent 6 100 m, y compris le Huascaran qui, avec ses 6 769 m, constitue la seconde montagne, par la hauteur, d'Amérique. Les premières grandes expéditions furent organisées par des équipes germano-autrichiennes, qui menèrent à bien l'exploration de base dans les années 30. Tous les sommets importants de la région ont été vaincus, mais il reste encore quantité de nouveaux itinéraires à essayer.

La Patagonie

Tout au sud du continent, la Patagonie, longue de 1 600 kilomètres, marque la séparation entre l'océan Pacifique et l'océan Atlantique. La partie occidentale présente un enchevêtrement d'îles et de golfes profonds vers lesquels descendent d'innombrables glaciers. Les collines côtières sont couvertes de forêts de bouleaux très denses et la région est pratiquement inhabitée. La cordillère des Andes, toute proche de cette côte, présente de spectaculaires hauts sommets couverts de glace.

Le sommet le plus élevé est le mont San Valentine (4 058 m) dans le *Hielo del Norte*. C'est une équipe argentine, dirigée par Otto Meilung, qui réalisa la première ascension en 1952. La région contient plusieurs autres sommets, parmi lesquels le Cerro Aranales, situé 60 kilomètres plus au sud. La première ascension de ce sommet de 3 437 m fut effectuée en 1955, par une expédition japonaise.

Le Fitzroy (3 376 m), fait partie du massif du *Hielo Sur*, qui est célèbre pour ses parois rocheuses et ses spectaculaires aiguilles ornées de glace. De nombreuses tentatives précédèrent l'ascension enfin réalisée en 1952, par Lionel Terray, Guido Magnone et leur équipe. Depuis, la montagne a été gravie par plusieurs voies différentes, comme ce fut aussi le cas pour les sommets environnants. L'ascension de l'un d'eux, le Cerro Torre (3 128 m), couronné d'un énorme champignon couvert de glace, fut revendiquée en 1959 par Cesare

Maestri, mais cette ascension fut jugée douteuse, car il revint en proie au délire après que son compagnon Toni Egger se fût tué durant la descente.

Finalement en 1974, Casimiro Ferrari réussit à gravir le sommet par l'ouest, en varappe libre.

A 160 kilomètres au sud, une autre arête rocheuse s'élève au-dessus des plaines arides d'Argentine. Ce sont les monts Paine, auxquels les alpinistes ne s'intéressèrent qu'après 1950. Le principal sommet, le Paine Grande (2 671 m), fut vaincu en 1958 et vers 1975 la plupart des sommets avaient été conquis. L'escalade y est toujours très pénible, car ce massif possède quelques-uns des plus hauts murs rocheux du monde. Ils retiennent actuellement l'attention. En 1974, la face est du pic central des monts Paine, haute de 1 200 m, fut vaincue par une expédition sud-africaine conduite par Paul Fatti, après une lutte qui dura six semaines.

Tout à fait à l'extrémité du continent sud-américain, la Terre de Feu permet de pratiquer l'escalade d'une façon audacieuse sur le mont Sarmiento et le mont Darwin, qui culmine à 2 472 m.

Comme on pouvait s'y attendre, la cordillère des Andes possède un attrait spécial pour les skieurs, tout autant que pour les alpinistes et les randonneurs. Portillo, à 150 kilomètres environ de Santiago du Chili par la route, est célèbre dans les cercles de skieurs nord-américains, non seulement parce que cette station permet de pratiquer le ski tout au long de l'année, mais aussi parce qu'elle organise une semaine du *Flying Kilometre* (kilomètre volant). Les Championnats du monde de ski alpin se déroulèrent à Portillo en 1966. Il y a neuf autres stations de ski au Chili et il existe une zone réservée au ski nordique, à Llaima.

En haut : *le Lac Titicaca, dont le Pérou et la Bolivie se partagent les rives, est le lac navigable le plus haut du monde; il est situé à 3 811 m au-dessus du niveau de la mer. Des huttes d'Indiens Aymaras apparaissent au premier plan.*

Ci-dessus : *le lama appartient à la même famille que le chameau, mais il est plus petit, sans bosse, et possède de longs poils laineux. De même que ses deux proches parents, l'alpaga et le guanaco, le lama est utilisé comme bête de somme et fournit du lait, de la viande et de la laine.*

A gauche : *le pic nord-ouest du Yerupaja dans la cordillère Huayhuash, au Pérou, vu du col Rondoy. Cette splendide montagne est connue localement sous le nom de El Carnicero (le Boucher), mais en dépit de ce surnom elle a retenu l'attention des alpinistes depuis qu'ils découvrirent la région en 1930.*

HIMALAYA

Pour ceux qui ont la passion de la montagne, les grandes chaînes d'Asie ont une signification toute spéciale. Elles méritent bien leur réputation de montagnes les plus hautes, les plus sauvages et les plus dangereuses du monde. Les noms mêmes des sommets sont évocateurs de sensations fortes : Kangchenjunga, Sinjolchu, Annapurna, Everest, K2. Ces montagnes possèdent une réputation de beauté terrifiante et de dangereuse instabilité. Tout comme les pays qui les abritent, Tibet, Népal, Sikkim, elles dégagent une impression de mystère à laquelle n'ont pas peu contribué les ascensions tragiques, désespérées ou triomphales dont elles ont été la scène.

La chaîne de l'Himalaya constitue une énorme barrière au nord du sous-continent indien; elle possède les montagnes les plus élevées et les plus difficiles du monde. Ce sont des montagnes contre lesquelles les meilleurs alpinistes actuels, les plus chevronnés, peuvent mettre en œuvre toute leur science, tout en sachant qu'ils ont de grandes chances de rencontrer l'échec ou même la mort. A ceux qui ne sont pas des grimpeurs confirmés, ces régions offrent aussi d'excellentes possibilités de randonnée.

Il n'y a pas que les alpinistes et les randonneurs qui soient attirés par ces magnifiques montagnes. Depuis des siècles, l'amour contemplatif des montagnes constitue l'un des traits essentiels des religions orientales.

Ce sont pourtant les Européens, avec leur rage d'explorer et de grimper, qui communiquèrent à l'Asie leur conception plus dynamique de l'amour des montagnes. L'Himalaya avait toujours été un lieu sacré pour les Indiens, et les Chinois avaient consacré chacune des sept montagnes sacrées à une divinité bouddhique. Parmi celles-ci se trouvait Kailas, un sommet de 6 417 m dans le sud-est du Tibet. Considérée dans les textes sanscrits comme le paradis de Siva et de Parvati, cette montagne avait été pendant des siècles un lieu de pèlerinage, les pèlerins effectuaient un circuit de 40 kilomètres autour de la montagne et traversaient des cols situés à 5 486 m. Les pèlerins les plus pieux se prosternaient fréquemment et n'effectuaient que cinq kilomètres par jour.

Si les premiers « ascensionnistes » des montagnes de l'Himalaya furent des Européens, les populations locales du Turkestan, du Pamir, de l'Hindu-Kush, de l'Himalaya proprement dit, du Karakorum, du K'un Lun et du T'ien Shan, avaient toujours été composées de montagnards qui menaient une vie précaire dans les vallées encaissées et qui traversaient les cols lorsque cela s'avérait nécessaire, soit lors d'échanges commerciaux, soit à cause de la guerre.

En haut : *les Britanniques établirent les premières cartes des grands massifs de l'Himalaya, lorsqu'ils étendirent leur empire vers le nord, au cours du XIXe siècle. Cette vieille photo coloriée à la main montre le major Moreshead, du service topographique des Indes, en train d'établir les cartes du Tibet, qui était jusque-là un pays inconnu.*

Ci-dessus : *la face Nord de l'Everest prise au camp de base situé à 5 000 m d'altitude, par le capitaine J. Noël, photographe officiel des expéditions britanniques de 1922 et 1924. Ce site au pied du glacier Rongbuk était utilisé comme camp de base par les différentes expéditions en direction du nord, pendant la période qui se situe entre les deux guerres. Si l'on excepte deux tentatives non officielles, ce versant est entièrement interdit aux Occidentaux depuis la Seconde Guerre mondiale, mais les Chinois en ont réussi par deux fois l'ascension. La voie nord s'élève à pic sur le glacier Rongbuk en direction du col Nord — à*

gauche du sommet — puis suit l'arête nord-est ou face nord, jusqu'au sommet.

A droite : *le pic Hidden dans le Karakoram. La photo est prise du camp de base du glacier Abruzzi et montre la face sud-ouest. Le pic Hidden (pic caché) est la quatorzième montagne du monde, il a reçu ce nom parce qu'il est caché par ses hauts voisins. Les Américains Pete Schoening et Andi Kauffman en firent la première ascension en 1958. En 1975, Reinhold Messner et Peter Habeler réalisèrent une ascension de style alpin, en faisant seulement trois bivouacs et en empruntant la difficile et encore vierge face nord-ouest. Cette performance fut suivie d'un exploit encore plus triomphal en 1978, lorsqu'ils effectuèrent l'ascension de l'Everest sans oxygène.*

Pages précédentes : *le majestueux Everest, à gauche, et les monts Nuptse et Lhotse à droite, vus de Gokyo Ri, quelque trente-sept kilomètres à l'ouest.*

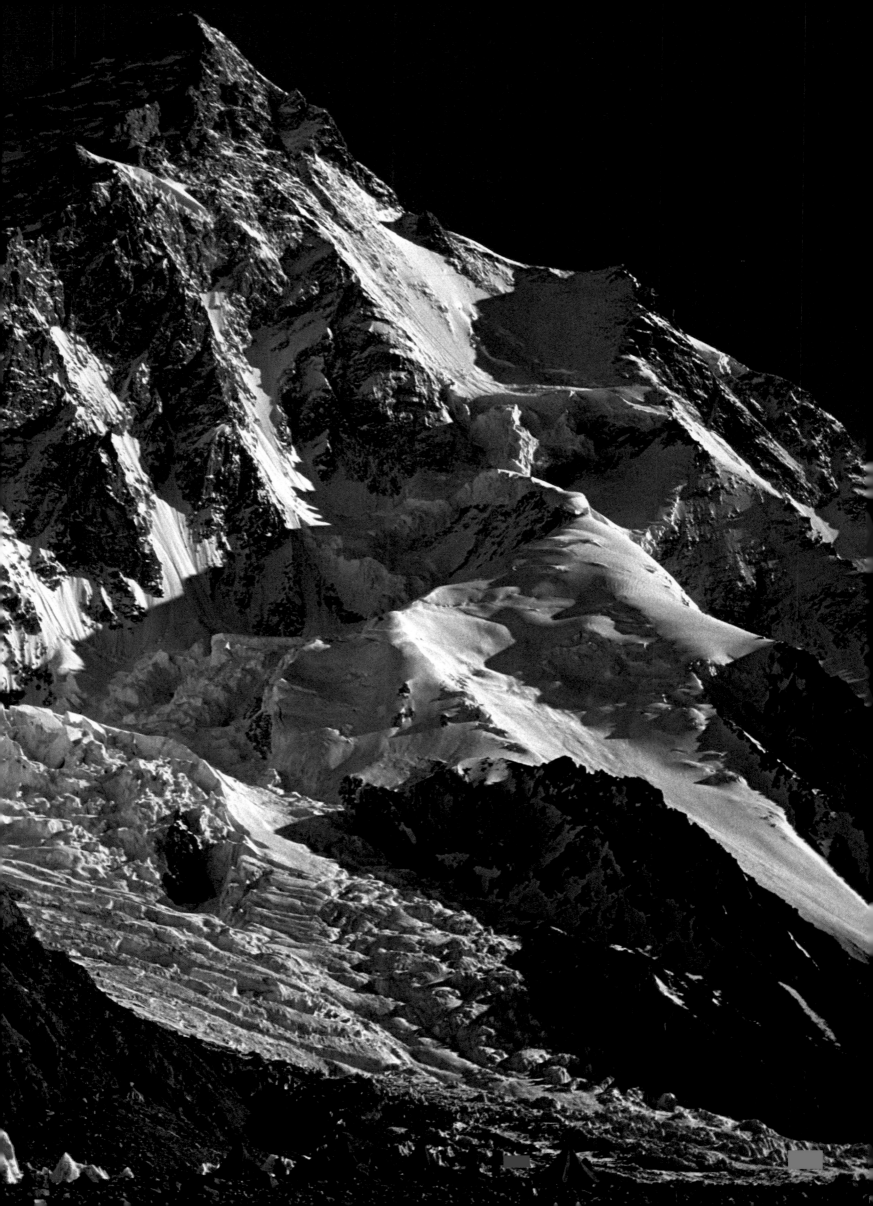

A gauche : *ces randonneurs traversent la luxuriante vallée du Kulu, célèbre par ses vergers et ses fleurs. Distant seulement de 120 kilomètres de la ville indienne de Simla, le mont Kulu est facile à atteindre et constitue un endroit merveilleux pour pratiquer le ski de randonnée et l'escalade de style alpin. Des pics de rocher et de glace défient les « tigres », ou plutôt, les défiaient, avant qu'ils n'eussent usé leurs griffes sur les meilleurs d'entre eux — et il existe un grand nombre d'itinéraires qui conviennent à ceux qui ont moins de zèle.*

Ci-dessous à gauche : *le pic du Communisme, précédemment pic Staline, au Pamir, est le plus haut sommet d'Union Soviétique. Il est vu ici du glacier Valter. Cette montagne aux flancs escarpés, haute de 7 495 m, présente une quinzaine d'itinéraires sur ses différentes faces. L'alpinisme soviétique se caractérise par de longues et hautes traversées d'un sommet à l'autre. Une traversée de 16 kilomètres passant par les pics Garmo, Patriote, Russie, Communisme et Pamir, maintient continuellement les alpinistes au-dessus de 6 100 m.*

Page de gauche : *la sinistre face sud de la seconde plus haute montagne du monde, le K 2, qui s'élève dans un splendide isolement au centre du Karakoram. Ici la paroi de glace domine le camp de base, en avant du glacier Godwin-Austen. A l'horizon, à gauche, on aperçoit l'arête ouest, tandis qu'à droite descend l'épaulement est, ou éperon Abruzzi, ainsi nommé lorsque l'omniprésent duc des Abruzzes atteignit 6 700 m sur cet éperon en 1909.*
La hauteur réelle de K 2 (qui est le numéro topographique originel donné à cette montagne) est assez controversée, car le service topographique du Pakistan l'a estimée à 8 760 m, quelques encablures de moins que l'Everest et environ 150 m de plus que la hauteur généralement admise.

Comme c'était le cas en Amérique, au commencement du XVIIIe siècle, de vastes régions de la chaîne et des hauts plateaux d'Asie centrale n'étaient pas représentées sur les cartes et n'avaient guère été explorées. Aux alentours de 1920, un seul Européen s'était approché à moins de 65 kilomètres de l'Everest. De plus, le Sikkim au sud-ouest, le Bhutan, le Népal et le Tibet au nord-est, étaient depuis toujours des pays interdits aux Européens. L'ère de l'exploration de l'Himalaya coïncida avec le « Grand Jeu », lorsqu'au XIXe siècle l'empire russe parut représenter une menace pour l'empire britannique aux Indes.

Au nord de l'Inde, la chaîne de l'Himalaya forme une courbe, longue de 2 440 kilomètres et large de 160 à 240 kilomètres, limitée à l'est par un méandre du Brahmapoutre et à l'ouest par la courbe que décrit l'Indus. Au sud s'étendent les plaines fertiles de l'Inde et au nord le haut-plateau tibétain, vers l'Asie centrale. A l'ouest de l'Indus, la structure montagneuse se prolonge par le Karakoram, au nord-ouest s'étend l'Hindu-Kush et plus au nord, faisant partie de l'U.R.S.S., se trouve le Pamir. Ensuite sur plus de 1 150 kilomètres en direction du nord-est, le T'ien Shan — les Montagnes Célestes — s'étend en direction de la Mongolie, formant sur une partie de sa longueur la frontière actuelle entre l'U.R.S.S. et la Chine. Parmi les milliers de monts qui consti-

En haut à gauche : *les Sherpas et les Bhotiyas (Tibétains) se rendent au marché qui se tient chaque semaine au bazar de Namche, à 3 413 m de haut, dans la région de Khumbu, au Népal. Le « Bazar » est la « capitale » du Khumbu, il est à 13 jours de marche de Lamosangu, qui est elle-même à trois heures de voiture de Katmandou par la « route chinoise ». La région est devenue parc national et les sympathiques Sherpas qui vivent dans leurs petits villages enchâssés entre les pics escarpés, en ont fait « le rêve » du randonneur himalayen.*

A gauche : *le moment de la paye des porteurs, pendant une expédition au Népal. Les porteurs transportent les charges jusqu'au camp de base ou sur la montagne même. Les paisibles Sherpas sont les porteurs les plus célèbres, ils accompagnèrent les premières expéditions sur l'Himalaya. Ils devinrent rapidement des alpinistes à part entière et nombre d'entre eux se spécialisèrent en « porteurs à grande altitude », position très enviée. Le Sherpa Tensing Norkay, qui effectua en compagnie d'Hillary, la première ascension de l'Everest, est le plus célèbre de ces hommes et son exploit stimula l'alpinisme asiatique.*

A droite : *les gorges de Kali Gandaki, au Népal.*

tuent ces massifs, plus de trente dépassent 7 620 m de haut et plus d'une douzaine 7 900 m, parmi lesquelles l'Everest, la plus haute montagne du monde avec ses 8 880 m.

Les premiers Européens à visiter ces régions furent sans doute les soldats d'Alexandre le Grand, qui traversèrent l'Indus vers 328 avant Jésus-Christ. Des groupes, que l'on dit descendre des déserteurs de cette armée, habitent encore quelques-unes des vallées les plus reculées du Nuristan, partie de l'Hindu-Kush qui se trouve juste au nord du col de Khyber, et l'on constate dans cette région, par ailleurs musulmane, la persistance d'une religion païenne antique.

D'autres voyageurs, comme Marco Polo, laissèrent des descriptions des lieux qu'ils avaient parcourus. En 1273, Marco Polo emprunta l'antique Route de la Soie, qui traverse le Pamir en direction de la Chine. Pendant 1 100 kilomètres entre Kachgar et Turfan, la route longe le désert du Takla Makan, tandis qu'au nord les « Montagnes Célestes » du T'ien Shan se profilent à l'horizon, avec leurs sommets couverts de neige. L'une des races de moutons sauvages de cette région porte le nom d'*Ovis poli*, en l'honneur de Marco Polo qui le premier en fit la description.

Les premières explorations des montagnes de l'Himalaya eurent lieu à peu près à l'époque où se faisait en Europe la première ascension du mont Blanc, mais les motivations étaient bien différentes. La présence britannique aux Indes allait jusqu'aux contreforts de l'Himalaya, au Népal et au Penjab. On ressentit alors la nécessité d'établir des relevés topographiques. Le service topographique des Indes fut agrandi, afin de couvrir les nouvelles zones montagneuses, il était en grande partie composé d'officiers de l'Armée des Indes. Au fur et à mesure que le service topographique s'enfonçait plus profondément dans les montagnes (certaines stations de relevés se trouvaient parfois à 6 000 m d'altitude), différents explorateurs et scientifiques se joignirent aux autres membres. Ces hommes débordaient souvent des territoires placés sous la protection britannique et dressaient les cartes de territoires jusqu'alors inexplorés.

Ce n'est qu'en 1892 qu'une véritable équipe d'alpinistes arriva aux Indes, elle était conduite par Martin Conway et comprenait parmi ses membres Charles Bruce et cinq Gurkhas de son régiment, et le guide alpin Matthias Zurbriggen. L'équipe fit le relevé du Baltoro, de l'Hispar et des glaciers Biafo dans le Karakoram; en outre elle fit l'ascension de quelques pics assez élevés.

Le premier désastre qui attira l'attention publique se produisit en 1895, lorsque l'expédition de A. F. Mummery tenta la conquête du Nanga Parbat, qui est la neuvième montagne de l'Himalaya avec ses 8 114 m. Cette montagne devait acquérir une réputation particulièrement sinistre au cours des années suivantes. Mummery, qui était l'un des meilleurs alpinistes de sa génération, monta jusqu'à 6 000 m environ sur la face nord-

est. Il pensait qu'à partir de là il ne mettrait qu'un jour pour atteindre le sommet. Le 23 août, accompagné de deux Gurkhas, il se mit en route pour effectuer la traversée entre le Daimir et le glacier Rakhiot. On les aperçut pour la dernière fois le jour suivant, puis ils disparurent, sans doute surpris par une avalanche.

Bruce, qui devait par la suite prendre la tête de plusieurs expéditions sur l'Everest, tira deux leçons essentielles de ce désastre. Premièrement, qu'il fallait prévoir une alimentation spéciale au-dessus de 6 000 m, deuxièmement qu'il n'est pas possible d'atteindre directement un sommet de 7 900 m en partant d'un camp de base situé à 6 000 m. Bruce fut aussi le premier à se rendre compte que les Gurkhas possédaient des qualités qui leur permettaient de devenir des alpinistes de valeur. C'est à partir de ce moment que l'on prit l'habitude d'utiliser des Sherpas lors des premières expéditions sur l'Everest et que l'on créa un groupe d'élite de porteurs-grimpeurs.

A partir du XXe siècle, presque tous les ans, des expéditions furent organisées dans les différents massifs. Peu à peu, au travers des essais et des erreurs, on mettait au point les méthodes qui devaient permettre de réussir les ascensions dans l'Himalaya; on essayait les techniques qui avaient été employées avec succès dans les Alpes et on les modifiait pour les adapter à l'échelle des gigantesques montagnes himalayennes. On commençait à mieux comprendre le système des moussons qui conditionnent la réussite ou l'échec des tentatives, sur presque tous les massifs. Les charmes, comme les dangers de l'Himalaya, étaient mieux connus.

L'ascension de l'Everest

L'histoire de l'alpinisme himalayen démontre à nouveau combien il est important d'amasser un capital d'expérience, pour pouvoir résoudre un problème difficile. L'ascension de l'Everest est tout à fait caractéristique de l'amélioration progressive des connaissances, de la technique et de l'équipement.

En mai 1921, une équipe dirigée par le colonel C.K. Howard Bury, comprenant neuf alpinistes britanniques, parmi lesquels Georges Mallory et Guy Bullock, et quarante porteurs sherpas, quitta Darjeeling pour explorer la région et découvrir une voie d'accès vers le sommet de l'Everest. Ils montèrent jusqu'au col nord sur la face nord de la montagne, ce qui devait être l'itinéraire emprunté par les Britanniques lors de leurs sept tentatives sur l'Everest, avant la Seconde Guerre mondiale. De là, à une altitude de 6 984 m, ils pouvaient contempler les pentes de la face nord et

faire l'expérience du terrible vent d'ouest qui souffle sur l'Everest. Mallory écrivit :

« Au-dessus de nous, nous apercevions un spectacle encore plus terrifiant. La neige poudreuse qui couvrait la grande paroi de l'Everest était soulevée en un tourbillon continuel et l'arête même sur laquelle nous devions passer recevait le tourbillon dans toute sa violence. Lorsque la neige balayée par le vent heurtait l'arête, elle était projetée en l'air, puis redescendait ensuite violemment, formant un blizzard effrayant, sur le versant sous le vent. C'était assez de voir ce spectacle, c'eût été une folie de poursuivre... »

L'expédition constituait cependant un succès, car elle avait tout au moins permis de découvrir un itinéraire jusqu'à l'épaulement nord-est, situé à 8 381 m, et d'où il serait sans doute possible d'atteindre le sommet lui-même. Les grimpeurs avaient également établi le relevé de territoires importants, et ils avaient beaucoup appris sur l'endurance humaine et sur les conditions climatiques du pays.

Ci-dessus : *les gorges sauvages de Rashi tenaient les alpinistes en échec. Enfin, en 1934, Eric Shipton, Bill Tilman et trois Sherpas, réussirent à les traverser.*

A droite : *les collines en terrasses du Népal au-dessus de Lamosangu, le second jour de la marche d'approche en direction de l'Everest.*

L'année suivante, une nouvelle expédition fut organisée, elle était équipée d'appareils à oxygène et était dirigée par le général Charles Bruce. Lors de cette tentative, Geoffrey Bruce, cousin du général, et Georges Finch atteignirent 8 326 m sur l'arête nord-est, mais l'expédition fut ensuite abandonnée, après qu'une avalanche eût tué sept Sherpas.

L'utilisation d'appareils à oxygène en était encore au stade expérimental. Ils étaient lourds, mais on espérait qu'ils résoudraient le problème de la respiration en altitude élevée, lorsque l'air se raréfie. La controverse au sujet de savoir si cela était sportif ou non de les utiliser, commençait à peine. Mallory

En haut : *un beau rhododendron au Bhutan.*

Ci-dessus, au centre : *un jeune garçon pratique le tir à l'arc, sport national au Bhutan. Derrière lui le palais de Thumphy Dzong.*

Ci-dessus : *cette femme est en train de traire son yak, au Népal, près du col de Lamjura.*

A gauche : *le Brammah I, dans le massif peu fréquenté de Kishtwar Himal. Lors de la première ascension, en 1973, Chris Bonington et Nick Escourt réalisèrent l'exploit de gravir ce sommet de 6 410 m en style alpin.*

pensait que c'était une « hérésie condamnable ». Ce qui devint important dans les expéditions ultérieures, ce fut l'amélioration progressive de cet équipement, de sorte que peu à peu, entre l'utilité et le poids, la balance pencha progressivement en faveur de l'utilité. Les premiers appareils à oxygène étaient trop lourds, ils constituaient souvent une entrave plutôt qu'une aide.

Il n'y eut aucune tentative en 1923, mais l'année suivante une autre expédition britannique fut organisée. A l'origine, elle devait être dirigée par le général Bruce mais comme il tomba malade, ce fut Edward Norton qui en prit la tête, et il suivit en grande partie le plan établi par Mallory. On tenta par trois fois d'atteindre le sommet, Norton lui-même monta sans oxygène jusqu'à 8 570 m — 300 m du sommet — et encore épuisé par les terribles conditions météorologiques des semaines précédentes, qui avaient mis en pièces les plans si bien établis.

Norton écrivit dans *The Fight for Everest 1924* (Lutte pour l'Everest 1924) :

« Je suppose que j'aurais dû ressentir un amer désappointement d'avoir à m'avouer vaincu si près du sommet. Cependant, je ne peux dire en conscience que je ressentis rien de tel sur le moment. Par deux fois je fus contraint de remettre à un jour plus favorable alors que le succès paraissait possible, cependant dans aucun des deux cas je n'ai éprouvé les sentiments qui convenaient aux circonstances. C'est, je pense, un effet psychologique des altitudes élevées, l'ambition et la volonté semblent émoussées et l'on redescend sans éprouver grand-chose d'autre qu'un sentiment de soulagement, à l'idée qu'on en a terminé avec la tension et la fatigue de l'ascension. »

Mallory et le jeune Andrew Irving firent la troisième tentative, en utilisant l'oxygène. Ils ne revinrent jamais. Le dernier qui les aperçut fut N.E. Odell : « Il y eut une éclaircie soudaine au-dessus de moi » écrivit-il plus tard « et je vis le sommet de l'Everest totalement découvert. Très loin, sur la pente neigeuse qui mène à ce qui me sembla être l'avant-dernière montée avant la base de la pyramide finale, je remarquai une petite forme qui remuait et s'approchait de la paroi rocheuse. Une deuxième forme suivit et ensuite la première se mit à gravir la paroi. »

On ne découvrit jamais ce qui arriva aux deux hommes. On ne saura jamais s'ils avaient atteint le sommet avant que se produise un accident. Aucune trace ne fut découverte jusqu'en 1933. Cette année-là on trouva à 8 410 m environ, un piolet qui aurait pu avoir appartenu à l'un des deux alpinistes.

Des cinq expéditions britanniques qui tentèrent encore de conquérir l'Everest avant la Seconde Guerre mondiale, aucune n'alla plus loin que ne l'avait fait Norton. Il se produisit à cette époque une réaction contre les énormes expéditions officielles, avec leurs centaines de porteurs.

Durant les années de l'entre-deux-guerres, le sport fut fortement teinté de nationalisme, tout particulièrement l'alpinisme allemand. En 1929 et 1931, Bauer prit la tête de deux expéditions allemandes bien déterminées à vaincre le Kangchenjunga et dans les deux cas la descente se transforma en épreuve d'endurance, car les alpinistes furent surpris par le mauvais temps sur l'arête qui domine le glacier Zemu. Ce n'est qu'en 1955 que la montagne fut vaincue.

Le Nanga Parbat, haut de 8 114 m, se trouve à l'extrémité ouest de la grande chaîne himalayenne et s'élève à 7 000 m au-dessus des vallées arides des fleuves Indus et Astor. C'est l'un des plus hauts sommets du monde et il mérite bien sa réputation d'extrême difficulté : une trentaine d'alpinistes y laissèrent la vie. Il présente une crête longue de 24 kilomètres et trois parois. La face sud, ou face Rupal, forme une paroi de 4 500 m entre le sommet et le désert de glace et de rochers qui se trouve au-dessous, elle est considérée comme la paroi la plus haute du monde. Elle fut gravie pour la première fois en 1970 par Reinhold Messner, qui fut par la suite le premier à vaincre l'Everest sans oxygène, et par son frère Gunther, qui mourut sous une avalanche durant la descente.

Trente-sept ans après la disparition de Mummery, une petite expédition allemande, conduite par Will Merkl, établit sept camps durant le mois de juillet 1932 et réussit à atteindre 6 900 m avant que le temps ne se détériore.

En 1934, Merkl revint, mais son expédition fut un désastre. Un homme mourut de pneumonie, pendant que l'on établissait les camps inférieurs. L'expédition parvint à moins de 4 ou 5 heures du sommet, lorsque le temps se détériora également. Seize hommes durent redescendre du camp VIII sous les morsures du blizzard. Les trois camps suivants avaient été détruits. Trois alpinistes allemands moururent, parmi lesquels Merkl, ainsi que six Sherpas.

Après la guerre, l'ascension du Narga Parbat effectuée par Hermann Buhl constitua l'un des exploits les plus marquants de l'histoire de l'alpinisme. En 1953, une solide équipe germanique s'attaqua à la montagne et se trouva également confrontée à de terribles conditions météorologiques. Le 3 juillet, alors que ses compagnons exténués ne pouvaient poursuivre et que le chef de l'expédition avait annulé l'assaut

final, Buhl quitta seul le camp V à 2 h 30. Vers 19 heures, il avait atteint le sommet.

Au bout de dix minutes, Buhl commença la descente. Il perdit presque tout de suite la lanière d'un crampon et mit deux heures pour parcourir 137 m. Vers 21 heures, la nuit tomba. Il n'y avait aucun endroit où il pût s'asseoir et il dut se tenir debout, tant que dura l'obscurité, vêtu d'un pull-over léger et d'une veste coupe-vent. C'était le bivouac le plus élevé, qui ait jamais été fait à l'époque. Heureusement, la nuit était paisible. Lorsque la lune se leva vers 4 heures, Buhl reprit la descente, en proie à la faim, à la soif et à de cruelles hallucinations. Enfin, après 40 heures passées sur la montagne, il vit deux hommes bien réels qui venaient à son aide. Quatre ans plus tard, Buhl fut tragiquement tué sur le Chogolisa dans le Karakoram.

Après la Seconde Guerre mondiale, les chances de réussir l'ascension de l'Everest avaient considérablement augmenté. Les exigences de la guerre avaient permis de perfectionner les appareils à oxygène et la création des fibres synthétiques avait amélioré de façon spectaculaire les vêtements, les chaussures et les équipements pour la nuit. Les appareils de radio portatifs permettaient d'établir de bonnes communications, même par mauvais temps,

et les rations alimentaires conçues scientifiquement possédaient un pouvoir nutritif très élevé, sous un poids beaucoup plus réduit.

Les régimes politiques de la région modifièrent les conditions d'accès à l'Everest. Au début, les Tibétains avaient refusé d'autoriser l'entrée des équipes d'alpinistes dans le pays, puis l'occupation chinoise rendit encore moins vraisemblables les chances d'accès. Finalement, le gouvernement du Népal décida d'admettre les alpinistes, ouvrant ainsi l'itinéraire sud de l'Everest, ce qui n'avait guère été envisagé auparavant.

Ce sont des Français qui, en 1950, remportèrent le premier succès d'après-guerre dans l'Himalaya. Ils réalisèrent l'ascension de l'Annapurna qui, avec ses 8 078 m, était la première montagne de plus de 8 000 m à être conquise et la plus haute montagne du monde qui ait jamais été vaincue par l'homme, à cette époque. Cette ascension fut accomplie par une remarquable équipe, composée de guides professionnels et d'alpinistes amateurs, et dirigée par Maurice Herzog. Louis Lachenal et Maurice Herzog atteignirent le sommet complètement épuisés, mais les conditions météorologiques étaient bonnes. La descente se transforma en cauchemar. Toute l'équipe réussit en fin de compte à revenir, mais Lachenal eut tous les

orteils gelés, et Herzog eut la chance de ne perdre que quelques doigts et quelques orteils.

A l'époque où les Français s'attaquaient à l'Annapurna, une équipe américano-britannique effectuait une reconnaissance sur l'Everest, par la face sud.

Finalement, en 1953, une équipe britannique, conduite par le colonel John Hunt, parvint à réunir toutes les conditions favorables : les hommes étaient en parfaite condition physique, placés au meilleur endroit possible pour livrer l'assaut final, et au moment de l'année le plus propice. L'équipe était excellente et l'organisation remarquable.

La première équipe qui devait s'attaquer au sommet se mit en route, elle était composée de Tom Bourdillon et R.C. Evans. Devant eux, une crête étroite longue de 457 m menait au sommet proprement dit, qui se trouvait seulement 97 m plus haut. Cependant, leurs appareils à oxygène fonctionnaient mal, et il était déjà 13 heures. Ils firent demi-tour à regret, après être montés plus haut qu'aucun homme ne l'avait jamais fait.

Deux jours plus tard, le 29 mai 1953, une seconde tentative fut effectuée en direction du sommet par Edmund Hillary, un Néo-Zélandais, et le Sherpa Tensing Norkay. Tensing était le Sherpa idéal pour la situation, car il avait fait

Ci-dessus : *ces Sherpas contemplent une région encore inexplorée, au Népal.*

Ci-dessus à gauche : *Dougal Haston au camp de base V, sur la face sud de l'Annapurna, lors de l'expédition britannique de 1970. Annapurna II (7 937 m) est le pic très aigu qui se trouve à l'arrière-plan, au centre. L'Annapurna I (8 078 m) fut le premier sommet de plus de 8 000 m à être vaincu au cours de la première grande ascension effectuée au Népal. L'équipe française qui réalisa cet exploit épique paya un lourd tribut de doigts et d'orteils gelés. En faisait aussi partie Lionel Terray; le titre de son livre le plus célèbre, Les Conquérants de l'Inutile, résume parfaitement le dépassement de soi-même que propose l'ascension.*

partie de presque toutes les expéditions sur l'Everest durant les dix-huit années précédentes, ainsi que de nombreuses autres expéditions himalayennes. Vers 9 heures, ils se trouvaient sur le pic sud et s'avancèrent sur l'arête. Hillary écrivit par la suite :

« A ce moment, je commençais à me sentir un peu fatigué. J'avais taillé des marches pendant deux heures, et Tensing aussi avançait très lentement. Tout en taillant encore des marches autour d'un autre tournant, je me demandais avec une certaine morosité, combien de temps encore nous serions capables de poursuivre. Notre enthousiasme d'origine avait complètement disparu et il ne s'agissait plus que d'une lutte acharnée. Je me rendis alors compte que l'arête suivante, au lieu de s'élever encore d'une façon monotone, descendait brutalement et que très loin en contrebas j'apercevais le col nord et le glacier Rongbuk. Je regardai vers le haut et vis une étroite arête de neige qui s'élevait vers le sommet. Quelques coups de piolet de plus dans la neige dure et nous nous tenions au sommet.

Je ressentis d'abord un sentiment de soulagement — soulagement qu'il n'y ait plus de marches à tailler — plus d'arêtes à franchir et plus de monticules pour nous donner de faux espoirs de réussite. »

Il était 11 h 30. Les deux hommes se serrèrent la main, s'envoyèrent mutuellement de grandes bourrades dans le dos et prirent des photographies. Ensuite, Tensing creusa un petit trou dans la neige et y plaça de la nourriture en offrande aux dieux qui, selon la religion bouddhique, vivent sur le sommet de cette montagne. Hillary creusa un autre trou et y planta le crucifix que Hunt lui avait demandé d'emporter.

L'après-Everest

L'ascension de l'Everest constitua une ligne de démarcation dans le monde de l'alpinisme. Ce n'était pas tant que deux hommes s'étaient tenus sur le plus haut sommet du monde. L'un des deux était le Sherpa Tensing Norkay et le triomphe de Tensing retentit à travers le monde non-européen, et tout particulièrement en Inde.

En 1959, une expédition internationale, composée uniquement de femmes, parmi lesquelles la Française Claude Kogan (qui disparut alors tragiquement avec une de ses compagnes) s'illustra au Népal.

1962 fut marquée par la victoire sur le Jannu, remportée par une expédition française, dont les membres les plus célèbres furent Jean Franco et Lionel Terray.

Depuis lors, l'ascension de l'Everest et des autres grands sommets d'Asie, a été réalisée par des hommes et des femmes de différentes nations, parmi lesquels des Indiens, des Chinois, des Russes et des Japonais. On a fait l'ascension de l'Everest par les parois nord, sud et sud-ouest; des femmes ont effectué cette ascension et des hommes ont descendu en ski les pentes sud, depuis le col sud. Enfin, en mai 1978, Peter Habeler et Reinhold Messner réussirent l'ascension de l'Everest sans appareils à oxygène, prouvant une fois pour toutes que n'importe quelle montagne peut être vaincue sans appui.

AFRIQUE

L'Afrique ne peut se targuer ni de grandes chaînes de montagnes, ni d'énormes massifs couronnés de glace, comme les autres continents. Ses massifs sont relativement petits, et ses plus hautes montagnes sont isolées, séparées les unes des autres par des milliers de kilomètres carrés de désert, de jungle et de savane. Cette savane est célèbre dans le monde entier pour sa faune et pour ses paysages spectaculaires.

Les principaux massifs africains sont l'Atlas, au nord-ouest du continent, les hauts plateaux d'Éthiopie à l'est et, au sud, les massifs qui bordent les hauts plateaux intérieurs, à moins de 240 kilomètres de la côte sud-est, entre Le Cap et Durban. De plus, au centre du Sahara, s'élèvent deux chaînes de montagnes arides, assez petites et peu élevées, le Hoggar et le Tibesti. Les plus hautes montagnes d'Afrique ne font pas partie de chaînes mais se dressent complètement isolées. A moins de 16 kilomètres de l'équateur, le mont Kenya culmine à 5 199 mètres au-dessus des plateaux marécageux qui l'entourent. A 320 kilomètres, environ, au sud du mont Kenya, se dresse la plus haute montagne d'Afrique, le Kilimandjaro, 5 895 mètres. Comme le mont Kenya, c'est un volcan en repos, l'un des plus majestueux du monde, et curieusement isolé pour un sommet d'une telle importance. Tout près de l'équateur également et à 800 kilomètres à l'ouest du mont Kenya, se trouve le Ruwenzori, connu autrefois sous le nom de « Montagne de la Lune », l'une des sources du Nil. C'est un petit massif qui s'élève au-dessus de la vallée occidentale du Rift. Le mont Stanley, son sommet le plus élevé, atteint une hauteur de 5 109 mètres et doit son nom au célèbre explorateur qui fut sans doute le premier Européen à contempler ses neiges éternelles, en 1876.

L'Atlas

La chaîne de l'Atlas s'étend sur toute l'Afrique du Nord, du Maroc à la

Pages précédentes : *cet alpiniste jauge l'escarpement vertigineux d'une paroi sur la Montagne de la Table. A ses pieds, la ville du Cap. La première ascension de la Montagne de la Table fut effectuée au printemps de l'année 1503, par l'amiral portugais Antonio da Saldanha qui désirait vérifier du haut ses relevés. De nos jours, c'est le centre de l'alpinisme sud-africain, avec quelque 500 voies reconnues qui représentent pour la plupart de difficiles escalades de rocher. Les à-pics de cette montagne, haute de 1 087 m, ont été modifiés par les intempéries, de sorte qu'il est possible de faire l'escalade.*

Tunisie. Sa partie orientale constitue en général un simple haut plateau, mais elle présente néanmoins quelques collines et montagnes agréables à parcourir. La partie occidentale de l'Atlas, située au Maroc, se divise en trois chaînes parallèles à la côte atlantique et orientées nord-est - sud-ouest. La chaîne centrale, connue sous le nom de Haut Atlas, est particulièrement intéressante pour les alpinistes. Les indigènes de la région ne sont pas des Arabes mais des Berbères, peuple indépendant et pittoresque, qui tire une maigre subsistance de cette région superbe, mais aride. Cette zone est soumise à de grandes variations de températures, les étés sont très chauds et secs, tandis que les hivers amènent d'importantes chutes de neige. La région

est particulièrement belle au printemps, les fleurs sauvages et les arbres fruitiers sont en pleine floraison, les fleuves roulent des eaux étincelantes, les arbres et les champs sont d'un vert profond.

Le Haut Atlas possède une douzaine de sommets qui atteignent 3 900 m, mais l'attention des alpinistes s'est concentrée sur la partie la plus élevée, le Djebel Toubkal, qui atteint 4 165 m. Le massif est d'origine volcanique et le rocher est de qualité variable, souvent médiocre au sud, les sommets sont imposants, plutôt que beaux, et présentent des parois escarpées. Les deux saisons les plus favorables à l'escalade sont le printemps et l'hiver. Les autres régions de l'Atlas ont moins retenu l'attention des grimpeurs, surtout parce qu'elles nécessitent

A gauche : *les neiges éternelles du Kilimandjaro, la plus haute montagne d'Afrique, étincellent au-dessus de la savane masaï à 320 kilomètres seulement de l'équateur. Ce volcan en repos est l'un des plus importants du monde, son pic Uhuru culmine à 5 895 m. Le cratère principal, qui a 2,5 kilomètres de diamètre, émet encore des fumées sulfureuses. Au-dessous de 3 000 m, une forêt qu'habite une faune composée d'éléphants, de buffles et de rhinocéros, entoure la montagne. Au-dessus de cette forêt, des bruyères géantes forment une couronne qui, vers 4 000 m, laisse la place à un éboulis de lave sèche dont la flore ne comporte plus que d'occasionnels helichrysum, des séneçons géants et des mousses. De nos jours, l'escalade de cette montagne est très prisée des touristes et d'excellents itinéraires permettent de parvenir jusqu'aux pics qui dominent le cratère.*

l'autre versant est couvert de neige et de glace, tandis que durant la saison sèche, en janvier et février, ce versant sud jouit d'une température estivale.

Le rocher de l'ancien cratère qui forme le sommet est extrêmement propice à l'escalade, il présente une association de neige, de glace et de rocher, semblable à ce que l'on trouve dans les Alpes en Europe. Ces dernières années, on a tiré profit des possibilités offertes et effectué de très belles escalades sur rocher et sur glace. Les nouvelles voies sur glace sont les plus impressionnantes, particulièrement celles du « Couloir Diamant » et de la « Fenêtre de Glace » dans les couloirs de neige de 500 m de la face sud-ouest, qui est très escarpée.

Le mont Kilimandjaro

Sommet le plus élevé d'Afrique avec ses 5 895 m, le Kilimandjaro est une magnifique montagne de type himalayen. Il offre des ascensions d'une extrême difficulté, ainsi que des itinéraires relativement faciles, empruntables par des touristes qui, pour la plupart, se contentent d'aller jusqu'au bout du cratère, mais n'essaient pas d'accomplir la montée finale, de moins de 2 kilomètres, jusqu'au sommet du pic Uhuru.

Comme pour le mont Kenya, une forêt épaisse couvre les flancs de la montagne au-dessous de 3 000 m, excepté aux endroits occupés par des plantations de bananes et de café, dont certaines montent jusqu'à 1 800 m. La forêt de bruyères qui se trouve au-dessus de 3 000 m est encore plus sauvage et plus impressionnante que celle du mont Kenya. Vers 4 000 m, les bruyères cèdent la place à un éboulis de lave sèche, sur lequel ne poussent que des mousses et d'occasionnels séneçons géants.

de longues approches. D'un autre côté, cette caractéristique les rend tout à fait propices à la pratique des randonnées à pied et en ski.

Le Mont Kenya

Le mont Kenya est un volcan érodé, qui atteignait sans doute 7 000 m d'après les estimations. Des glaciers l'ont usé et réduit à une hauteur de 5 199 m, mais comme il se dresse isolé, au-dessus de la savane environnante, et qu'il est visible à plus de 160 kilomètres de distance, il possède un caractère très particulier.

Le sommet lui-même, ancien cratère du volcan, présente un escarpement de 600 m environ qui s'élève au-dessus d'un socle en forme de dôme, de 90 kilomè-

tres environ. De profondes vallées s'enfoncent dans ce socle, et la faune et la flore sont extraordinaires. Une épaisse forêt couvre les pentes jusqu'à une hauteur de 3 000 m. Les léopards, les éléphants, les rhinocéros et les buffles, figurent parmi les animaux qui s'aventurent parfois plus haut dans les landes étranges qui couvrent les pentes moyennes. Les bruyères géantes atteignent ici 6 à 9 m de haut. Au-dessus des bruyères, à partir de 3 500 m, la lande porte de curieuses plantes géantes; les séneçons atteignent 6 m et les lobélias 1,50 m.

Le mont Kenya se trouve à 17 kilomètres seulement de l'équateur et jouit d'un climat spécial. En août et en septembre, lorsque les conditions sont favorables à l'escalade sur la face nord,

En haut : *le village berbère d'Around, près du Djebel Toubkal, dans le Haut Atlas marocain.*

Ci-dessus : *la tente colorée des chefs de tribus, lors d'un festival berbère dans les montagnes de l'Anti-Atlas, au Maroc.*

A gauche : *spectacle stupéfiant que celui du mont Kenya et de ses grands pics couverts de glace, dominant de 3 658 m*

la savane environnante, à une distance de 11 kilomètres seulement de l'équateur. Les sommets jumeaux, vus ici de la vallée de Taliki au sud-ouest, sont les bords érodés du cratère d'un volcan qui, selon les estimations, devait atteindre 7 000 m. Le pic Batian, à gauche, culmine à 5 199 m le pic Nelion, à droite, n'a que onze mètres de moins. Entre ces deux pics, la Gate of Mists (porte des brumes) avec le glacier Diamant et le couloir Diamant, offre les voies les plus spectaculaires de cette montagne. Parmi les montagnes africaines, aucune n'égale en beauté et en simplicité de lignes le mur de glace presque vertical, d'une hauteur de 336 m, du couloir Diamant.

Les principaux pics du Kilimandjaro sont le Kibo, le rebord du cratère dont le pic Uhuru constitue la partie la plus élevée, et le Mawenzi, à quelques kilomètres de là. Le Mawenzi est un autre centre d'activité volcanique, encore plus ancien, il culmine à 5 148 m. Le troisième pic est le Shira, 4 004 m, qui ne présente pas d'intérêt pour les grimpeurs, mais constitue un magnifique haut plateau couvert de landes.

La voie classique vers le Kibo, connue sous le nom de voie Marangu, est facile et pourvue de refuges pour les randonneurs, qui atteignent généralement le cratère en 4 jours. Aux grimpeurs, les pics du Kibo et du Mawenzi offrent des itinéraires spectaculaires dans des paysages terrifiants et certaines ascensions exigent un très bon niveau technique, par exemple les itinéraires classiques des glaciers Heim et Kersten sur les faces sud et sud-est. Le tour de la montagne, à 4 300 m d'altitude, constitue une intéressante expédition de quatre jours et en 1971 deux alpinistes, Howell et Snyder, effectuèrent une traversée complète, du pic Kibo au pic Mawenzi, qui demanda huit jours.

Le Ruwenzori

Depuis l'aube des temps, la légende voulait que le Nil ait sa source dans un lac alimenté par les neiges, caché dans de hautes montagnes au cœur de l'Afrique. Les géographes et les voyageurs avaient transmis cette histoire et c'est Ptolémée d'Alexandrie qui, vers l'an 140, donna à ces montagnes le nom de « Montagnes de la Lune ». Néanmoins les Européens qui exploraient l'Afrique il y a un siècle, considéraient comme peu vraisemblable l'existence de montagnes couvertes de neiges éternelles à si faible distance de l'équateur.

En 1876, l'explorateur Henry Stanley aperçut une « énorme masse bleue » dans le lointain, mais ce n'est que 12 ans plus tard, lors d'une autre expédition, qu'il se rendit compte de ce qu'était réellement cette masse bleue.

« Tandis que je regardais en direction du sud-est et que je méditais sur les événements du mois qui venait de s'écouler, un boy attira mon attention sur une montagne supposée couverte de sel et je vis un nuage d'une forme curieuse et d'une très belle couleur argentée, qui prenait les proportions et l'aspect d'une immense montagne couverte de neige. Abaissant mon regard, pour suivre la forme vers le bas, je fus frappé par sa couleur bleu foncé et je me demandai si cela annonçait une autre tornade; puis, comme mon regard descendait vers la trouée entre les plateaux est et ouest, je pris conscience que ce que je regardais n'était pas « semblable »

En haut : *les séneçons géants, ou séneçons en arbre, fleurissent au mois de janvier sur les pentes du mont Kenya. Cette lande étrange, où les modestes séneçons se transforment en arbres de 6 m de haut et où les lobélies soyeuses atteignent 1,5 m, est séparée de la forêt dense qui couvre la montagne au-dessous de 3 000 m, par un zone de bruyères géantes, qui atteignent 9 m de haut.*

Ci-dessus : *cette lobélie géante est l'une des nombreuses plantes exotiques qui poussent sur les «Montagnes de la Lune», ou Ruwenzori, l'une des sources du Nil.*

A gauche : *séracs sur le rebord du cratère du mont Kilimandjaro.*

à une grande montagne, mais que c'était bien réellement une montagne, au sommet couvert de neige... Il me vint soudain à l'esprit que ce devait être le Ruwenzori.»

Durant les dix dernières années du XIXᵉ siècle, un certain nombre d'expéditions permirent de dresser peu à peu un tableau de ces étranges montagnes. Il ne s'agissait pas d'un massif unique, mais d'une série de six grands pics couverts de neige, alignés le long d'une chaîne longue de 130 kilomètres environ et séparés par des gorges profondes, qui s'enfonçaient à la verticale dans la forêt tropicale.

En 1906, l'omniprésent duc des Abruzzes arriva à la tête d'une importante équipe d'alpinistes, d'une impressionnante qualité, qu'accompagnaient des scientifiques et des naturalistes. Il s'agissait presque d'une expédition himalayenne, car 150 porteurs étaient chargés de véhiculer le matériel. Le groupe entreprit de faire l'ascension de tous les pics les plus importants et de dresser la carte de toute la région.

Une fois que l'expédition italienne eut vaincu une douzaine de très hauts sommets, y compris le Margherita, le plus haut sommet du mont Stanley avec ses 5 109 m, et que les géomètres, les naturalistes et les photographes eurent accompli leur travail, le Ruwenzori perdit une partie de son mystère. Mais il fallut attendre vingt-cinq ans avant qu'une autre expédition ne fût organisée.

Les pics les plus élevés se caractérisent par de spectaculaires corniches en forme de champignons. Les pentes présentent des marécages particulièrement pro-

fonds et glissants, et plusieurs petits lacs sombres. Comme sur le mont Kenya et le Kilimandjaro, ces pentes sont couvertes d'une flore spectaculaire composée de bruyères et de séneçons géants, souvent accompagnés de mousses qui confèrent un caractère très particulier à la marche.

L'Afrique du Sud

Les montagnes d'Afrique du Sud s'étendent d'abord vers l'est à partir du Cap, avec la célèbre Montagne de la Table, puis vers le nord jusqu'à Durban. Elles ne forment pas une chaîne unique, mais une succession de chaînes.

La Montagne de la Table, 1 087 m de haut, devint le centre de l'alpinisme sud-africain après la fondation du Club de la Montagne en 1891. Actuellement, grâce aux 500 itinéraires, environ, qu'elle propose, c'est l'une des montagnes les plus escaladées du monde.

Les principales zones d'escalade d'Afrique du Sud se trouvent à l'ouest de Durban, dans les montagnes du Dragon, appelées par les Zoulous *Quathlamba*, ou la «Barrière du Javelot». Elles s'élèvent sur des centaines de kilomètres, le long du haut plateau intérieur; les montagnes les plus hautes, où se concentre l'alpinisme, se situent entre le Lesotho et Durban. Les cavernes qui se trouvent dans cette région possèdent de magnifiques peintures rupestres Boschiman. La faune est extrêmement variée et comprend des babouins, des élans et même parfois des léopards. Assez curieusement, le plus haut pic de ces chaînes, le Thabana Ntlenyana (La petite montagne noire) d'une hauteur de 3 482 m, situé dans le Lesotho, ne fut découvert qu'en 1951.

Presque toutes ces montagnes sont désormais accessibles par la route. On pratique le ski sur les montagnes qui se trouvent juste au nord du Cap. Il existe des stations de ski dans les montagnes de la rivière Hex, à 140 kilomètres au nord-est du Cap, sur Waaihoek, 1951 m de haut et sur le Matroosberg, 2 251 m.

Les montagnes africaines n'ont jamais été le «rêve» des alpinistes, comme les montagnes himalayennes, mais l'amour de la montagne ne s'adresse pas uniquement aux montagnes les plus grandes et les plus spectaculaires, il concerne autant les vallées que les hauts sommets. L'homme d'état sud-africain, le général Jan Smuts, exprima assez bien le sens de cet amour dans un discours qu'il prononça en 1923, sur la Montagne de la Table :

«La montagne n'est pas seulement une présence éternellement sublime. Elle possède une signification historique et spirituelle. Elle représente pour nous l'échelle de la vie.

AUSTRALIE, NOUVELLE-ZÉLANDE ET JAPON

Pages précédentes : *le mont Stirling, à 160 kilomètres au nord-est de Melbourne dans l'état de Victoria, s'élève au sud de la cordillère australienne, près de la station de ski très fréquentée du mont Buller (1 807 m). Comme le ski connaît un grand essor en Australie, les pentes du mont Stirling commencent à s'orner de remonte-pentes et autres équipements destinés aux skieurs.*

A gauche et à droite : *les Blue Mountains de la Nouvelle-Galles du Sud forment une série de plateaux d'environ 1 000 m d'altitude, à 130 kilomètres de Sydney, ville située sur la côte orientale d'Australie. Elles sont formées de grès rouge et de schiste argileux, et coupées de grandes vallées boisées. Le minerai de fer colore les parois rocheuses du Kanangra (à gauche) et de la Tête du Lion (à droite), de teintes rouille, orange, pourpre et marron. Des eucalyptus couvrent les vallées et l'essence provenant de ces arbres intensifie les rayons bleus de la lumière, d'où le nom de ces montagnes. Les couleurs sont plus spectaculaires au crépuscule, lorsque les particules de poussière en suspension dans l'air rehaussent aussi les rayons rouges de la lumière. La varappe connaît un grand essor en Australie depuis 1950, surtout sur les montagnes proches des grandes villes de la côte sud-est.*

L'Australie

L'Australie possède extrêmement peu de montagnes pour un continent aussi vaste, la majeure partie du pays est plate et aride. Au centre s'élèvent les monts Macdonnell et Musgrave, avec le célèbre Ayers Rock. Ces montagnes présentent peu d'intérêt pour les alpinistes et les skieurs, les sports de montagne se pratiquent surtout dans la partie sud de la grande chaîne orientale qui longe la côte, entre Cairns et Melbourne.

Tout au sud de la cordillère australienne, entre Sydney et Melbourne, se trouvent les Snowy Mountains qui possèdent le sommet le plus élevé du continent, le mont Kosciusko, 2 230 m. Bien qu'il n'y ait pas de terrain skiable permanent, cette région est le domaine

du ski. C'est en Australie que le ski, pratiqué en tant que sport, a la plus longue histoire : le premier ski-club fut fondé en 1861 à Kiandra. La saison commence en juin, le jour anniversaire de la Reine, et se termine fin septembre. Les conditions sont comparables à celles de l'Écosse ou de la Nouvelle-Angleterre, le temps est variable, la neige de printemps n'est qu'un plaisir fugace et la neige poudreuse exceptionnelle. Il existe de longs et extraordinaires parcours de ski de randonnée, qui permettent d'effectuer de véritables expéditions.

La Tasmanie est mieux pourvue en montagnes favorables à l'escalade, mais leur accès est rendu difficile par la rudesse du climat et la densité de la brousse. Les parois rocheuses du mont Ossa, 1 167 m, et des sommets, tels que le pic de la Fédération ou la montagne du Français, offrent de longues escalades sur un rocher excellent.

Aux alpinistes réellement audacieux, la Nouvelle-Guinée offre de superbes montagnes et la troisième plus grande calotte glaciaire équatoriale, après celle d'Afrique orientale et des Andes. Le sommet le plus élevé est l'ancien mont Carstenz, aujourd'hui pic Sukarno, avec ses 5 040 m. L'escalade des énormes parois rocheuses de cette montagne est remarquable selon les dires de ceux qui sont venus à bout de la jungle impénétrable, des contreforts inextricables, des glaciers, et des obstacles politiques.

La Nouvelle-Zélande

L'île du Sud de la Nouvelle-Zélande est dotée de la plus belle chaîne de montagnes alpines que l'on puisse rêver. Les Alpes néo-zélandaises s'étendent sur toute la longueur de cette île magnifique; orientées à l'ouest, elles reçoivent

les vents dominants de nord-ouest en provenance de la mer de Tasmanie. C'est pour cette raison que le temps y est notoirement instable et la pluviosité très élevée.

Le mont Cook (3 764 m) et les sommets avoisinants constituent de belles montagnes et la région est devenue parc national, en 1953. C'est le centre de l'alpinisme des antipodes.

Le nom maori du mont Cook est *Aorangi* (Celui qui perce les nuages). Il se dresse au centre des Alpes néo-zélandaises. Le massif se trouve plus ou moins à la même latitude dans l'hémisphère sud, que les Alpes européennes dans l'hémisphère nord, mais la limite de la zone enneigée se situe environ 600 m plus bas et les montagnes offrent des conditions d'escalade difficiles et dangereuses, la technique de la glace et de la neige a une extrême importance. Il n'est pas surprenant que les Néo-Zélandais excellent sur ce genre de terrain et Edmund Hillary s'entraîna bien évidemment sur le mont Cook, avant de s'attaquer à l'Everest.

En 1882, le révérend William Green fit une vaillante tentative sur le mont Cook, en compagnie des guides alpins Émile Bos et Ulrich Kaufman de Grindelwald. Ils furent plusieurs fois obligés de faire demi-tour. Finalement, ils découvrirent une voie sur la paroi nord-est et montèrent à moins de 60 m du sommet, avant de rebrousser chemin devant la tombée de la nuit.

La descente fut pire qu'aucun d'eux ne l'avait imaginé et ils passèrent la nuit debout sur une étroite corniche de rocher, essayant désespérément de rester éveillés jusqu'au matin.

Après cette courageuse expédition, cinq autres tentatives furent effectuées entre 1886 et 1890, mais elles échouèrent aussi très près du sommet.

Finalement le jour de Noël 1894, trois Néo-Zélandais firent l'ascension par le glacier Hooker, itinéraire dangereux qui ne fut pas repris avant la centième ascension, en 1955. Ce qui incita les trois hommes, Thomas C. Fyfe, George Graham et Jack Clarke, à tenter cette ascension, fut l'annonce que le riche alpiniste amateur et explorateur, Edward Fitzgerald, avait quitté l'Europe en bateau, en compagnie du guide Matthias Zurbriggen, avec l'intention d'effectuer la première ascension du mont Cook. Fitzgerald arriva en Nouvelle-Zélande une semaine seulement avant la tentative victorieuse de l'équipe Fyfe et il fut amèrement déçu. Zurbriggen et lui furent néanmoins à même de réussir les « premières » de cinq autres grands pics, et Zurbriggen effectua la seconde ascension du mont Cook, en solitaire, par ce qui est maintenant la voie classique, l'arête Zurbriggen, ou arête nord-est.

Ces montagnes permettent des escalades d'un niveau très élevé et la face Caroline du mont Cook, haute de 2 290 m, avait la même réputation terrifiante que l'Eigerwand, en Europe. Cet énorme mur de glace fut finalement vaincu plus facilement qu'on ne s'y attendait, en 1970, ce qui créa une brèche psychologique aussi bien que technique dans l'alpinisme néozélandais.

Le mont Tasman, l'une des montagnes dont Fitzgerald réussit la « première », est considérée par nombre de gens comme la plus belle montagne des Alpes néo-zélandaises du Sud. A l'extrémité sud de la chaîne, aux risques de l'escalade sur glace et sur rocher, s'ajoutent les difficultés d'accès dues à la traversée d'une forêt dense et au franchissement de torrents. Bien que les voies classiques du mont Cook et d'au-

tres sommets ne posent pas de problèmes particuliers, le rocher souvent médiocre et le temps imprévisible font de toute escalade une affaire sérieuse.

On pratique en Nouvelle-Zélande le ski de randonnée de haut niveau, excepté sur les pistes de ski du Ruapehu dans l'île du Nord. Là, les montagnes sont des volcans en activité qui offrent des pentes découvertes à déclivité modérée. Dans l'île du Sud, il existe environ dix-sept domaines skiables, mais l'accès est souvent difficile. La principale activité ici est le ski de randonnée, et aussi le ski sur glacier, en empruntant la voie aérienne.

Le Japon

La plus haute montagne du Japon, le mont Fuji ou Fuji-yama, est l'une des montagnes les plus célèbres et les plus belles du monde; c'est un volcan de 3 776 m de haut. Les « Alpes japonaises » sont moins connues des Occidentaux, elles rivalisent cependant de beauté avec les Alpes européennes et forment l'épine dorsale du pays.

Les Alpes japonaises se divisent en trois chaînes, la chaîne du nord, la chaîne du centre et le chaîne du sud; elles possèdent 26 sommets de plus de 3 000 m, dont la plupart sont en granit escarpé aux arêtes aiguës. En hiver, la couche de neige qui les recouvre est parfois épaisse; de plus, les vents violents, l'humidité importante et les températures descendant jusqu'à — 20 °C, imposent la prudence.

Tandis que dans tous les pays dont il a été question jusqu'ici, l'amour de la montagne était en grande partie dû à l'influence occidentale, ce n'est pas le cas en ce qui concerne le Japon. En Chine, en Inde et dans l'Himalaya, ce n'était pas entièrement vrai non plus, car le respect de la montagne joue un rôle important dans les religions traditionnelles à travers tout le continent asiatique. Les montagnes n'étaient pas haïes, craintes ou ignorées, comme elles l'avaient été en Europe au moyen âge. Les Japonais manifestent néanmoins plus activement que tous les autres peuples orientaux leur vénération pour les montagnes.

Le mont Kosciusko s'élève à 2 229 m dans les Snowy Mountains, à l'extrémité sud de la grande chaîne australienne, c'est le plus haut sommet d'Australie. Cette chaîne couverte de forêts convient mieux au randonneur pédestre qu'à l'alpiniste, aussi l'alpinisme s'est-il surtout développé sur les affleurements rocheux. On pratique le ski sur ces montagnes, bien qu'il n'y ait pas de domaine skiable permanent.

A gauche : *le magnifique cône du mont Fuji, la plus haute montagne du Japon.*

Ci-dessus : *les Japonais pratiquent le ski avec autant d'enthousiasme que la varappe ou la randonnée, tant et si bien que les pentes sont surpeuplées, car quelque dix millions de skieurs se rendent tous les ans à la montagne.*

Depuis plus de mille ans, les Japonais portent à leurs montagnes, et tout particulièrement au Fuji-yama, un sentiment où l'admiration se mêle au respect. De nombreux sommets sont couronnés d'un mausolée ou d'un temple, et les montagnards les plus actifs, au début du XIX\e siècle, étaient les membres de la secte Koju, qui accomplissaient tous les ans l'ascension de leurs montagnes sacrées, vêtus de robes blanches et portant des bâtons octogonaux.

Depuis lors, l'alpinisme s'est développé au Japon à peu près selon le même schéma que partout ailleurs, des ascensions de plus en plus difficiles accomplies sur place, suivies d'ascensions encore plus difficiles en Europe et d'expéditions en Amérique, dans l'Himalaya et dans d'autres grands massifs. Au cours des trente dernières années, les Japonais se sont de plus en plus intéressés aux montagnes, surtout depuis le triomphe qu'ils remportèrent en 1956, lorsqu'une équipe japonaise vainquit le Manaslu dans la chaîne himalayenne, le huitième sommet du monde par la hauteur, avec ses 8 156 m.

Les expéditions japonaises surpassent de beaucoup en importance celles de toutes les autres nations et elles vont à la limite des possibilités techniques et technologiques, choisissant souvent les itinéraires les plus spectaculaires. En Europe, ils se dirigèrent tout de suite vers l'Eigerwand et leurs ascensions se caractérisèrent par l'utilisation massive et dispendieuse de matériel technique : une équipe de cinq hommes et une femme força une seconde « directissime » sur l'Eigerwand, utilisant pour cela 250 pitons à expansion, 200 pitons et 2,5 kilomètres de cordes. Dans l'Himalaya, les Japonais furent les premiers qui tentèrent en 1969, l'ascension de la face sud-ouest de l'Everest, réputée la voie la plus difficile de la plus haute montagne du monde, de même la première femme qui fit l'ascension de l'Everest, en 1975, fut une Japonaise de trente-cinq ans.

Ce ne sont pas seulement les alpinistes qui ont pris goût aux montagnes; depuis la Seconde Guerre mondiale, le ski aussi connaît un grand essor au Japon et près de 10 millions de skieurs envahissent les pistes tous les ans. La moitié d'entre eux sont des débutants qui effectuent un essai puis abandonnent, mais même s'il en est ainsi, les pistes sont surpeuplées. Le ski se pratique surtout sur les volcans éteints ou en repos, au-dessous de 2 000 m et sur un sol couvert d'une végétation dense. Cette végétation constitue parfois une attraction, comme c'est le cas dans la station de ski de Zao, dans le district de Yamagata, qui est célèbre pour sa forêt de sapins nains que l'hiver transforme en momies de givre et de neige. Ces pygmées de glace, connus sous le nom de *chouoh*, apparaissent souvent sur les peintures japonaises. Il existe quelque 400 stations de ski situées bien souvent dans de magnifiques paysages.

Le ski et l'alpinisme ne constituent naturellement pas les seules activités que les Japonais pratiquent sur leurs montagnes. La randonnée pédestre est très en faveur également.

INDEX

Le Tasman (3 498 m) est un montagne impressionnante des Alpes de Nouvelle-Zélande. Il est vu ici de l'est, le Silberhorn est à gauche du sommet couvert de glace, son arête tombe à pic sur les chutes glacées du Hochotetter. Même la voie plus facile de l'arête sud-ouest présente d'assez grandes difficultés, et la face Balfour, ou face ouest, constitue l'un des grands défis de l'escalade moderne.

REMERCIEMENTS

Les éditeurs remercient les personnes et
organismes suivants qui les ont autorisés à
reproduire les photos illustrant ce livre et
remercient également Dr C. R. A. Clarke et John
Cleare, pour leurs précieux conseils.

Adespoton Film Services : 61 bas droite; Ardea
London (P. Morris) 15 haut; (Jean-Paul Ferrero)
16 bas, (K. W. Fink) 40 bas, 41 haut et bas, (Su
Gooders) 67 haut, (Richard Waller) 68 haut;
Stephen J. Bensen : 58 haut, 86; Heather
Angel/Biofotos : 90-91; Simon Brown : 44 haut et
bas, 45; H. Adams Carter : 60-61; Norm Clasen :
49; John Cleare/Mountain Camera : 12-13, 17,
18-19, 21-24, 26-29, 50, 62-63, 65, 66, 71, 73 bas,
80, 83 haut et bas; Bruce Coleman Ltd : (Chris
Bonington) page de titre, 7, (Éric Crichton) 15
bas, (Pekka Helo) 16 haut, (Jonathan Wright) 40
haut, (Jen et Des Bartlett 54-55, (Chris Bonington)
58 bas, 70, 74, (Kim Taylor) 81 bas, (V. Serventy)
89; Éd Cooper Photo : 6, 34-35, 36-37, 42, 48, 51;
Gérald S. Cubitt : 82; The Daily Telegraph Colour
Library : (Dave Waterman) 20; C. M. Dixon : 14,
32, 33, 81 haut; Henry Edmundson : 72; Laurie
Engel : 92-93; Derek Fordham/Artic Camera : 52;
The John Hillelson Agency Ltd : (Ian Berry)

76-77; Anthony et Alyson Huxley : 16 centre;
Organisme national du tourisme japonais : 93
droite; Terence McNally : gardes; William
March : 39, 53; Marion et Tony Morrison : 56-57,
61 haut droite; Mountain Camera : (William
March) 43; Natural Science Photos : (I. Bennet)
78-79; Captain J. Noël : 64 haut et bas; Janusz
Onyszkiewicz : 67 bas; Galen A. Rowell : 38,
46-47, 94; Spectrum Colour Library : 30-31, 84-85,
87; John Tyson : (faux titre) 25, 68 bas, 69, 73 haut
et centre, 75; Zefa Picture Library (U.K.) Ltd. :
(F. Breig) 10, 11; Günter Ziesler : 59

Octopus Books remercient les éditeurs suivants qui
les ont autorisés à reproduire les citations de leurs
ouvrages :

Page 12 - Sidgwick and Jackson : sir Gavin de
Beer, *Early Travellers in the Alps*, 1930
Page 15 - Oxford University Press : T. Graham
Brown et sir Gavin de Beer, *The First Ascent of
Mont Blanc*, 1957
Page 22 - John Murray : E. Whymper, *Scrambles
Amongst the Alps During the years 1860-1869*,
1871; *Escalades dans les Alpes*, 1875 (traduction
d'Adolphe Joanne)

Page 24 - Eyre and Spottiswoode : G. W. Young,
Mountains with à Difference, 1951
Ruppert Hart-Davies, London : Heinrich Harrer,
The White Spider, 1959
Page 30 - Methuen, Londres : G. W. Young,
Collected Poems, 1936
Page 38 - Yale University Press : William H.
Brewer, *Up and Down California in 1860-1864*,
1930
Pages 38 et 41 - Sampson, Low Marston, Low et
Searle, New York : Clarence King,
Mountaineering in the Sierra Nevada, 1872
Pages 56-7 - George Allen and Unwin : *The
Autobiography of Bertrand Russell, 1872-1914*,
1967
Pages 70 et 83 - Newnes, London : Hugh Merrick,
The Perpetual Hills, 1964
Page 70 - Edward Arnold, Londres : Éric Newby,
Great Ascents, 1922
Page 73 - Edward Arnold, Londres : E.-F. Norton,
The Fight for Everest 1924, 1925
Page 74 Hodder and Stoughton : Herman Buhl,
Nanga Parbat Pilgrimage, 1956
Page 75 - Hodder and Stoughton : John Hunt, *The
Ascent of Everest*, 1953

PDO 80-214